rororo

«Irgendwann wirst du diese Augenblicke neu erschaffen und erschreiben, und dann wird es egal sein, wie viele Minuten ihr wirklich durch Jena gelaufen seid, ob es sieben oder dreizehn oder dreißig Minuten gewesen sind, was ist schon wirklich, alles ist wirklich, dann wird es egal sein, an welcher Straßenecke ihr gelacht habt, wenn es dir nur gelingt, die Modalitäten des Schweigens zu erfassen, die euch begleitet haben, und in Sprache zu bringen, was euch stumm werden ließ.»

Friedrich Christian Delius, geboren 1943 in Rom, wuchs in Hessen auf und lebte 1963 in Berlin. Delius wurde unter anderem mit dem Fontane-Preis, dem Joseph-Breitbach-Preis und dem Georg-Büchner-Preis geehrt. Zuletzt erschienen sein Roman «Wenn die Chinesen Rügen kaufen, dann denkt an mich» (2019) und der Erzählungsband «Die sieben Sprachen des Schweigens» (2021). Die Ausgabe seines Gesamtwerks erscheint im Rowohlt Taschenbuch Verlag. Friedrich Christian Delius starb 2022 in Berlin.

«F. C. Delius reißt sich für sein neus Buch das Herz auf und formuliert seinen Sprachzweifel mit großer Klarheit.» *NDR Kultur*

«Das neue Sprichwort heißt nach der Lektüre von Delius: Was aus dem Schweigen kommt, vergoldet das Reden! Unbedingt lesen und entschieden beherzigen – beides lohnt sich!» *Neue Westfälische*

«Delius' gekonnte Ausführungen sind herrlich zu lesen und geben viel Anlass zum Nachdenken.» *Neue Presse*

Friedrich Christian Delius

DIE SIEBEN SPRACHEN DES SCHWEIGENS

Rowohlt Taschenbuch Verlag

Veröffentlicht im Rowohlt Taschenbuch Verlag, Hamburg,
Dezember 2022

Covergestaltung any.way, Barbara Hanke/Cordula Schmidt,
nach einem Entwurf von Anzinger und Rasp, München
Coverabbildung Boris Novak
Satz aus der Hollander
bei Pinkuin Satz und Datentechnik, Berlin
Druck und Bindung Druckerei C.H. Beck, Nördlingen
ISBN 978-3-499-00582-4

Die Rowohlt Verlage haben sich zu einer nachhaltigen Buchproduktion verpflichtet. Gemeinsam mit unseren Partnern und Lieferanten setzen wir uns für eine klimaneutrale Buchproduktion ein, die den Erwerb von Klimazertifikaten zur Kompensation des CO_2-Ausstoßes einschließt.
www.klimaneutralerverlag.de

FSC www.fsc.org
MIX
Papier aus verantwortungsvollen Quellen
FSC® C019821

Die sieben Sprachen des Schweigens

Die Jerusalemer Krawatte

Eines Tages wäre die Geschichte der Jerusalemer Krawatte zu erzählen –

Eines Tages, das mag in ein paar Jahren sein oder Monaten oder irgendwann, wenn die Kräfte reichen, mit der Härte der Genauigkeit auf eines meiner schwierigsten Jahre zu blicken und gleichzeitig die Befreiung zu beschreiben, die ich dem alten Abraham und seinem Sohn Isaak verdanke und die mit einem ostereierbunten Stoffstreifen verknotet ist –

Vielleicht kein besonders schönes Stück, zu schmal, zu bunt, zu offensichtlich selbstgemacht, aber das Äußere ist nicht der Grund, weshalb ich, ohnehin kein leidenschaftlicher Schlipsträger, diese Krawatte nur selten um den Hemdkragen binde, auch nicht, weil die Batikmode eine Mode von vorgestern ist und ich ungern der Geschmacksverirrung bezichtigt werde –

Was mich hindert, sie bei Partys oder Empfängen oder größeren Tischrunden anzuziehen und mit den knalligen Farben unter dem Kinn aufzufallen, sind die leicht verstörten Blicke: Was hast du denn da an?, die ich früher, oft ohne laut gefragt zu sein, im milden Angeberton halb beantwortet, halb entschuldigt habe mit den Worten: eine Jerusalemer Krawatte –

Was schnell zu Konversationsgeplänkel über das Wie und Warum geführt und mich in die Verlegenheit gebracht hat, abwägen zu müssen, wie weit ich den Fragestellern mit Selbstauskünften, ja mit einem Reigen von Selbstauskünften entgegenkommen sollte –

Die, wenn ich einigermaßen bei der Wahrheit bliebe, bis auf die Höhen des Tempelbergs in Jerusalem, in hessische Dorfkirchen und zu einigen Quetschungen des Lebens, wie der alte Weimarer sagt, führen müssten, zu Selbstbespiegelungen und Bohrungen in die eigene Tiefenseele, was in einem Partygetümmel, bei einem kleinen Gesprächsgeplänkel über Form und Farbe einer Krawatte völlig übertrieben oder aufdringlich wäre –

Ich müsste noch weiter ausholen und sogar von meiner Schreibarbeit sprechen, und das ausgerechnet als einer, der Erzählungen von Schriftstellern, die von Schriftstellern erzählen, fast immer für überflüssig gehalten und vermieden hat, auch hier warteten zu viele Peinlichkeiten und Hindernisse –

Dabei gibt es keinen Grund, diese Krawatte zu verstecken oder nichts über sie zu erzählen, immer wieder drängt die zurückgehaltene und für mein Leben so zentrale Geschichte hervor, immer wieder wünsche ich mir die nötige Gelassenheit für einen Bericht, und der Vorsatz, hin und wieder von einigen biographischen Belustigungen zu erzählen, wird ohne dies schmale, bunte Stück Stoff nur schlecht gelingen –

Nach so vielen Andeutungen hier also ein paar Stichworte, die zur kürzestmöglichen Version der Geschichte der Jerusalemer Krawatte gehören sollten –

Einladungen, mit einem eigenen Buch auf Reisen zu gehen und daraus gegen Honorar zu lesen, sich vom geneigten Publikum ermuntern und in zuweilen anstrengende Gespräche verwickeln zu lassen, habe ich in den achtziger und neunziger Jahren nur ausnahmsweise annehmen können, für einen Familienvater, der möglichst viel Rücksicht zu nehmen versuchte auf das Wohlergehen zweier Schulkinder und der angetrauten Professorin, waren die Reisemöglichkeiten beschränkt –

Jeder Weg aus Berlin hinaus war sorgfältig abzuwägen und zu besprechen und oft zu verwerfen, doch als der Briefträger im Frühsommer 1994 eine Einladung nach Israel brachte, zu einem israelisch-deutschen Schriftstellertreffen nach Jerusalem, verlangte die innere Stimme gleich, alles zu tun, um mit einer Zusage zu antworten –

Obwohl ich gerade im Frühjahr sechs Wochen an einer amerikanischen Universität gewesen war und damit das Familienbudget aufgebessert hatte und obwohl ich mit dem eben erschienenen Buch «Der Sonntag, an dem ich Weltmeister wurde» da und dort unterwegs war, schien mir eine dritte größere Unternehmung in diesem Jahr, Israel im November, unverzichtbar, eine Woche nur, zehn Tage, dieser Wunsch traf auf keinen Widerstand im Familienrat, die Töchter waren inzwischen elf und fünfzehn Jahre –

Vieles drängte mich, die Einladung anzunehmen, ich war nie in Israel gewesen, es war höchste Zeit, einmal in das Bibelland, Überlebendenland, Rettungsland, Kämpferland, Konfliktland, Aufbauland, Gottesland zu fahren, in das Prüfungsland für jeden Deutschen, der sich mit der Shoah, mit den Tätern, mit den einschlägigen Schuldfragen beschäftigte, und in das Christenland, das auch der diffusen Neugier eines christlich geprägten Agnostikers einiges zu bieten hatte –

Die Einladung kam von Schriftstellern aus Israel und Deutschland, die zuvor in Freiburg ein Treffen von Autoren aus beiden Ländern organisiert hatten, danach ein ähnliches in Berlin, nun sollten die Gespräche in Jerusalem, in der großzügigen Künstlerherberge und Tagungsstätte Mishkenot Sha'ananim, fortgesetzt werden, und ich durfte mich freuen, dass die Kollegen sogar einen wie mich dabeihaben wollten, von dem bekannt war, dass er sich nicht eben häufig in mündlicher Rede hervortut –

Ich sagte also zu und wurde gebeten, zwei kürzere Texte einzureichen, damit sie übersetzt, im Programmbuch gedruckt und bei einer Lesung in Tel Aviv oder Jerusalem präsentiert werden konnten, ich wählte zwei Passagen aus dem gerade erschienenen «Sonntag, an dem ich Weltmeister wurde», darunter den Abschnitt «Ich war Isaak» –

Dreieinhalb Seiten, sehr private, sehr intime Nöte eines Elfjährigen mit einem Vater, den sich das Kind als übermächtigen Abraham mit Messer und Mordbereitschaft vorstellt, mordbereit aus absolutem, nicht angezweifeltem Gottesgehorsam, der stärker ist als die Liebe zum Sohn, dessen Schrecken keine Rolle spielt bei Moses im Alten Testament –

Ein monologischer Langsatz, kreisend um die Bibelstelle, die mich schon als Kind in der Kinderbibel mit den wuchtigen Figuren des Schnorr von Carolsfeld irritiert hatte, die Opferszene, eine zentrale Metapher der Religionen, übertragen auf einen hessischen Dorfpfarrer und seinen verschreckten Erstgeborenen, verdichtet als kindliche Beschwerde über einen Gott, der seinen treuen Dienern solche Mordbereitschaft, Täuschungen und Konflikte abverlangt –

Diese kurze Variation eines bekannten Textes aus der Bibel war zu verstehen, ohne den Zusammenhang und den dramaturgischen Ablauf des Buches zu kennen, wo sie zwischen dem feierlichen Sonntagsmittagessen der Familie und einer Szene über die Angst des Jungen vor der nicht zu stoppenden Übermacht der ungarischen Fußballer platziert war, sie könnte, weil sie aus dem Buch Moses stammte, die Israelis neugierig machen, überlegte ich, oder provozieren, vielleicht würde man den Text auch als langweilig und zu brav im Sinne jüdisch-christlicher Gemeinsamkeitsrituale empfinden oder als zu radikal, das war egal, die dreieinhalb Seiten waren keine schlechte Eintrittskarte zu dieser Tagung –

Von den Vorbereitungen und vorbereitenden Lektüren, der Reise, den intensiven Kontrollen, dem Flug, der Ankunft, den Kollegen, der Fahrt über die Autobahn hinauf nach Jerusalem, von den üblichen Reiseimpressionen muss hier nicht erzählt werden, alles keine neuen oder nennenswerten Ereignisse –

Außer der Überraschung im Flugzeug, als ich im Einreisepapier den Vornamen des Vaters einzutragen hatte, nicht aber den der Mutter, klar, natürlich wollten die Israelis wissen, ob da noch ein Verbrecher aufzuspüren wäre oder ich aus einer nazikriminellen Familie komme, völlig in Ordnung –

Und doch irritierend, den Namen eines vor über dreißig Jahren Gestorbenen hinzuschreiben und zu denken: Was tun sie, oder was tun sie mit mir, wenn er mehr als ein normaler Wehrmachtsverbrecher war, der in Frankreich, in Russland, in Nordafrika als einfacher Soldat irgendwie durchkam und nicht in der Partei war, nach allem, was ich wusste –

Ich verstand die Frage nach dem Vornamen, aber sie störte mich, störte mich auf, da hatte ich mir ein Leben lang Mühe gegeben, mich vom Vater zu distanzieren, und nun begleitete er, schon so lange tot, mich nicht nur als Abraham im Buchtext, sondern auch mit seiner ganzen Vornamenexistenz und seiner, soweit ich wusste, widerwillig ertragenen Wehrmachtsmitmacherei auf dem Flug über das Mittelmeer nach Israel, in das Mutterland dreier Religionen, und reiste unsichtbar mit in das Land der Bibel, seiner Bibel, eine Reise, von der er nicht einmal zu träumen gewagt hätte –

Den Gedanken, Abraham hinzuschreiben, hatte ich nicht, obwohl ich als Isaak einreiste, mit der Isaak-Geschichte im Gepäck, und als ich auf dem israelischen Formular seinen Namen in meinen Großbuchstaben sah, kam es mir wie ein kleiner Verrat vor, als hätte ich ihn seinen Richtern ausgeliefert –

Später dachte ich, man wollte die deutschen Besucher mit der Frage nach dem Vater ein bisschen erschrecken, vielleicht in ein Labyrinth fruchtloser Überlegungen schicken: Wer bin ich?, oder man wollte uns schon mal daran gewöhnen, dass man als Deutscher, sobald man israelischen Boden betritt, ständig mit Blicken und Fragen gemustert wird: Auch dieser Tourist ein Kind von Verbrechern, was haben die getan, die ihn zeugten?, sieht man es ihm an, sieht man es ihm nicht an? –

All die Fragen waren vergessen, als wir am warmen Novemberabend in der komfortablen «Herberge der Unbekümmerten» in Jerusalem angekommen waren, als ich das israelisch-deutsche Lesebuch mit unseren zwanzig Texten und Biographien durchblätterte und aus dem Apartment sprachlos staunend das Panorama, die Mauern, die Vibrationen der Stadt auf mich wirken ließ –

Dann saßen wir, zwanzig Autoren aus beiden Ländern, vormittags in einem dunklen, kühlen Saal mit Fenstern zur Altstadt hinüber, zehn Frauen, zehn Männer, die stillen Menschen des geschriebenen Wortes an einem Konferenztisch wie ernsthafte Entscheidungsträger aus der Politik oder der Wirtschaft, wir hatten nichts zu entscheiden, nicht einmal auf unserem Feld der Sprache, wollten nichts entscheiden, auch nicht mit Meinungen trommeln, wir wollten nicht einmal eine Resolution verabschieden, wir waren nur mit der Absicht des Zuhörens gekommen –

Ein Kongress der Seismographen, ohne Aktentaschen, ohne Mikrophone, und mit dem Vorsatz, keine Sprüche zu machen und nicht zu viel Ernst aufzubieten, obwohl man mitten auf einem Kampfplatz saß, dem Kampfplatz mit den Palästinensern, dem Kampfplatz dreier Religionen, dem Kampfplatz der Welterlöser, Dogmatiker und Geiferer aller Sorten gegen Unglauben, Freigeist und Humor, nahe dem angeblichen Kampfplatz Davids gegen Goliath und dem realen Kampfplatz an der westlichen Stadtmauer –

Draußen, hinter den Fenstern, sah man die hellen Steine dieser Stadtmauer leuchten, dahinter die Altstadt, ich dachte an den hier nicht geladenen Autor K., der mir in Berlin erzählt hatte, wie er 1948 genau vor diesen Mauern nah am Jaffator und auf dem Gelände, auf dem nun die Tagungsherberge stand und wo wir die Beine ausstreckten und Kaffee schlürften, mit dem Gewehr für Israel und um sein Leben gekämpft hatte –

Auf diesem Kampfplatz sollten wir über Frieden reden, Traumata, Risse, Erschütterungen, es waren Mitte der neunziger Jahre ausnahmsweise einmal nicht die Zeiten des Krieges, eines Vorkriegs oder Nachkriegs, es waren die Zeiten, in denen Rabin und Peres den Friedensprozess vorantrieben –

Man hörte häufig das Wort Verständigung, Diplomaten waren emsig unterwegs, es herrschte, bei aller Skepsis, eine vorsichtige Hoffnung auf eine Zweistaatenlösung, an einem der Tage belebten zwei palästinensische Autoren aus Ramallah, für die man bis zum letzten Moment um die Einreisepapiere hatte kämpfen müssen, mit der Nüchternheit ihrer Beiträge die Diskussion, mit ihrem bitteren, höflichen Ton, und es gefiel mir, wie einig sie mit ihren jüdischen Freunden waren –

Hinter den Fenstern sah ich die einst so umkämpfte, die jahrhundertealte westliche Stadtmauer mit ihren hellen Steinquadern und Zinnen unter blassem Novemberhimmel in ihrem unerschütterlichen Geschichtsstolz, ich hatte die Berliner Mauer fallen sehen, aus der Zweistaatenlösung war eine Einstaatenlösung geworden, aber das sagte nichts für Jerusalem, nichts war vergleichbar, historische Situationen schon gar nicht –

Als einfacher Beobachter vor den Strudeln der Geschichte hatte ich bei der ersten Stadtführung nicht mehr als ein paar Einzelheiten aufgesogen, fühlte ich mich angenehm überfordert und nicht kompetent für irgendwelche nützlichen Überlegungen zu dieser oder jener politischen Lage und Lösung, da sagte ich lieber gar nichts, ich durfte hier zuhören und schweigen –

Ich beobachtete die Kollegen, stimmte fast allen ihren Beiträgen und Kommentaren zu, den verschiedenen Temperamenten, den politischen und poetischen Haltungen der Israelis, und konnte weiterdenken sogar bei den Sätzen von uns deutschen Gästen, es sprachen der herzensfreundliche M., der vielredende Chronist V., die blitzgescheite M., der Sprachgenauigkeitsfanatiker Sch., die kluge Fragestellerin K., der Ironiegroßmeister E., die ruhige Sch., die fordernde G., der melancholische Lyriker B. –

Und wunderte mich wieder, wie ich in diese Runde gekommen war, was meine Rolle hier sein sollte, ich war der Stillste und beobachtete, wie alle versuchten, redselig zu sein und locker, politische Formeln und Klischees zu vermeiden und das Freundschaftliche ihrer Gedanken und Überzeugungen zu betonen –

Jeder, vermutete ich, schien sich vorgenommen zu haben, nicht als Botschafter seines Landes aufzutreten, sondern für sich zu sprechen, nur für sich, und so gehörte es zum guten Ton, auf bescheidene Weise Ich zu sagen, und auch ich nahm mir vor, so persönlich wie möglich zu argumentieren, wenn mein Beitrag fällig war –

Aber ich, wer war ich denn in diesem November 1994, in verzweifelter Lage als scheiternder Retter einer scheiternden Ehe, im Selbstvertrauen heftig wankend und so in die Defensive geraten, dass es doppelt absurd und arrogant gewesen wäre, als Autor über den Frieden zwischen Israelis und Palästinensern zu sprechen, solange ich nicht einmal Mittel wusste, den Frieden in der eigenen Wohnung herzustellen –

Ich hörte zu und war zufrieden, dass viele in dieser Runde etwas beizutragen hatten zu den Fragen des Abbaus von Spannungen und Vorurteilen zwischen Israelis und Deutschen, Israelis und Palästinensern, Palästinensern und Deutschen und vor allem zwischen Deutschen und Deutschen, ich konnte nur etwas zu den Konflikten zwischen den Deutschen sagen und zum wilder gewordenen Westen –

Und schwieg ansonsten, weil mir nicht einmal mit einem einzigen Menschen, den ich gut zu kennen meinte, mit der Frau, die ich geliebt hatte und immer noch zu lieben versuchte, weil nicht einmal mit ihr der Abbau von Spannungen und festgeprägten Urteilen gelang und ich mich vielmehr einer Verachtung ausgesetzt fühlte, die nichts mit mir zu tun hatte und aus heilloser Selbstverachtung gespeist war –

In meinem sogenannten Privatleben gab es immer weniger Aussicht auf Verständigung, Versöhnung, Stabilität, da wäre es der reinste Schwindel gewesen, vor den Jerusalemer Kulissen, nur weil das hier erwartet wurde, von Verständigung, Versöhnung und Stabilität zu sprechen –

Doch in dieser Runde hatte ich nicht den Mut zu gestehen, die Ordnung meiner Herzensangelegenheiten liege mir gerade näher als die Friedensordnung im Nahen Osten, die ich ebenso wünschte mit Herz und Verstand, und für eine elegant witzige Volte solch einer Aussage fehlte mir die Form, darum blieb ich still und schwieg, wollte nicht schwindeln, konnte nicht schwindeln, und blieb noch mehr als sonst in meiner gewohnten Rolle als Zuhörer, Zuschauer und Schweiger vom Dienst –

Bis am vierten Jerusalemer Morgen Chaim B. auf mich zukam, in eine Ecke zog und sagte, er sei von den Veranstaltern gebeten worden, mich bei dem geplanten Leseabend vorzustellen und meinen Text auf Hebräisch vorzulesen, er müsse gestehen, er habe erst jetzt, in der Nacht, sich darauf vorbereitet, das Tagungsbuch mit unseren Texten gelesen, mein Beitrag «Ich war Isaak» habe ihn so beeindruckt, dass er die ganze Nacht kaum geschlafen habe, er müsse unbedingt mit mir darüber reden –

Er sprach wie stets mit einem liebenswürdigen Lächeln im Gesicht, ich hatte ihn in den Tagen zuvor am großen Tisch wie in Gesprächen am Rande als besonders freundlich, zurückhaltend, aufmerksam erlebt, ungefähr mein Alter, ein guter Zuhörer und ein guter, leiser Debattierer, der auf jedes einzelne Wort achtete, Wörter abschmeckte und abwog, Mehrdeutigkeiten, mythische Ursprünge, biblische Zusammenhänge erklärte –

Ich mochte ihn, weil er stets von der Sprache her argumentierte, Fabeln, Geschichten, Anekdoten waren ihm Anleitungen zur Weisheit, allemal wichtiger als

Meinungen oder ideologische Positionen, er war nicht nur bibelfest, er war fromm und der Einzige in der Runde, der eine Kippa auf dem Kopf hatte –

Nach dem Mittagessen setzten wir uns abseits, und er erklärte, immer noch euphorisch, warum der Text für ihn und für das Publikum so wichtig sei –

Und mit seiner Hochstimmung beginnt die Geschichte der Jerusalemer Krawatte –

Da drüben, sagte er in seinem gewandten Englisch und streckte den Arm aus, auf dem Berg da drüben, also fast hier, direkt neben uns, wo wir sitzen, hat der Altar gestanden, auf dem Abraham, statt Isaak zu erstechen, den Widder geopfert hat, und über diesem Altar ist später der Tempel gebaut worden –

Der Mythos zum Greifen nah, Vater und Sohn in Sichtweite, das hatte ich nicht gewusst, ja, fuhr Chaim fort, der Tempelberg sei der einstige Opferberg, und die im letzten Moment gestoppte Opferung Isaaks symbolisiere einen neuen Schritt in der Entwicklung der Geschichte, der Übergang vom Menschen-Opfer zum Tier-Opfer sei im Grunde eine Aufwertung des Menschen –

Und wie in einer kurzen Vorlesung erklärte er dem ungebildeten Deutschen, dass bei den Phöniziern wie in Karthago noch lange Zeit die Erstgeborenen regelmäßig oder in schwierigen Situationen geopfert wurden, das Judentum sei wahrscheinlich die erste Religion, die Schluss gemacht habe mit den Kinderopfern, es sei überall ein langer Kampf gewesen, bis die Menschenopfer abgeschafft worden seien –

Ich spürte, wie nah ihm dieses Thema ging und wie nah es mir plötzlich war, von Chaim so ernst genommen, mitten in Jerusalem, meine Neugier war hellwach, ich ließ mich gern belehren, kleinlaut und verschämt wegen meiner bodenlosen Unwissenheit, ich wusste gerade noch, dass auch für die Muslime das Opferfest der höchste Feiertag ist und beim Schlachten der Lämmer, wie mir ein türkischer Freund erzählt hatte, manch strenger Vater dem Sohn gern mit dem entsprechenden Vers aus dem Koran droht, das Lamm werde an seiner Stelle geschlachtet –

Die Theologen, sagte Chaim, hätten sehr viel geschrieben über das Bündnis zwischen Gott und Abraham und den Gehorsam, für die Juden sei die Bindung an Gott zentral, für die Christen die Opferung, für die Muslime die Schlachtung, von deren Söhnen werde sogar die Zustimmung zur eigenen Opferung verlangt sowie der Dank an Allah, dass statt ihrer die Lämmer unters Messer kommen –

Aber die Rolle der Söhne, Isaaks oder Ismaels mögliche Gefühle und Widerstände in dieser Konstellation seien in den traditionellen Theologien vernachlässigt worden, es habe ihn tief bewegt, wie ich das Verlangen Isaaks ausgedrückt hätte, als Mensch mit seinen Empfindungen, Ängsten und seiner Vaterliebe wahrgenommen werden zu wollen, und nicht als Objekt, als williges Opfer, als Geisel im Kampf um den Gottesgehorsam, das habe ihn die alte Geschichte wieder neu verstehen lassen, ich hätte Isaak eine Stimme gegeben, so könne er gehört werden, endlich gehört werden –

Es sei, sagte Chaim, in diesem Text auch der Konflikt vieler junger Israelis mit ihren Vätern, mit ihrem Staat angesprochen, immer wieder fragten sich viele der zum Wehrdienst eingezogenen, zu Kriegen gezwungenen jungen Leute, warum sie geopfert werden oder ihrer Opferung zustimmen sollen, damit ihre Väter ihre Gottesliebe beweisen können, damit die Existenz ihres von Gott und ihnen gewollten Staates gesichert bleibe –

So redete Chaim, strahlend vor Begeisterung, in feinem Englisch, auf mich ein, erklärte bündig die Philosophien des Gehorsams und rückte meine kleine dörfliche Kinderleidensgeschichte in immer weitere, immer größere, in unendlich verzweigte Zusammenhänge –

Und brachte mich in Verlegenheit, die Komplimente waren in ihrer Schwere und Schmeichelkraft gar nicht annehmbar und produzierten eher Distanz als Nähe, während ich, immer sprachloser, mir einfach nur zu merken versuchte, was er redete –

Es sei eine Freude, ein Geschenk für ihn, dass ein deutscher Protestantensohn einen solchen, vielfach deutbaren und mythologisch wie politisch aufregenden Text mitgebracht habe, und er, Chaim, diesen vorstellen dürfe, ausgerechnet er, der sich seit Jahrzehnten immer wieder mit dem Abraham-Isaak-Mythos beschäftigt und viele Bücher darüber gelesen habe, finde hier nun dank des Zufalls, dass er zu dieser Tagung geladen und als mein Textleser eingeteilt worden sei, eine neue, spezielle Variante des alten Stoffes –

Während wir am nächsten Tag im Bus durch das besetzte Westjordanland gefahren wurden auf der Schnellstraße durch die steil abfallende Judäische Wüste, vorbei an Wachttürmen und hohen Drahtzäunen der machtstrotzenden, weitläufigen Festungsstadt Maale Adummim, die fälschlicherweise Siedlung genannt wird, und vorbei an ärmlichen Zelten und Hütten der Beduinen, vorbei an israelischen Posten und Straßensperren, während sich die Augen gewöhnten an Sandfarben und Steinfarben, hielten Abraham und Isaak weiterhin meinen Kopf besetzt –

Auch am Aussichtspunkt über dem Wadi Qelt, als ich das seltene Spektakel des Regens in der Wüste zu fotografieren versuchte, auch in den Schluchten der Straße zwischen Geröll und Distelgestrüpp, auch am Abzweig zum angeblichen Mosesgrab, auch bei Jericho und im Jordantal war ich dankbar für Chaims Aufklärung über Abraham und Isaak –

Obwohl hier schon die nächsten Legenden warteten an dem berühmten Rinnsal Jordan, der armseligen Nahtstelle der Weltkonflikte, zweihundertsiebzig Meter unter dem Meeresspiegel, oder in den Höhlen von Qumran –

In der Wüste, wo die einen Kraft tanken oder Kraft zu tanken behaupten und andere wahnsinnig oder Propheten werden, begann ich die Komik zu begreifen, die aus meiner Naivität kam, mit der ich die seit der Kindheit im Gedächtnis eingebrannte Szene der Opferung Isaaks aus der Kinderbibel zur Vorlage für meine schwierige Beziehung zum Vater gewählt und auf dreieinhalb Seiten skizziert hatte –

Man könnte auch sagen: gekapert hatte, vielleicht angestiftet von einer vor langer Zeit gelesenen Bemerkung in Tilmann Mosers «Gottesvergiftung», und mich frech mit Isaak identifiziert hatte, ohne mich um die Bedeutung dieses zentralen Mythos für die übrige Menschheit zu kümmern, und nun dank Chaims Nachhilfestunde plötzlich im Schmelzkern dreier Religionen und in den Abgründen der Theologien gelandet war –

Ausgerechnet ich, der sich seit Jahrzehnten Mühe gab, die markanten Figuren und klassischen Geschichten des Alten und des Neuen Testaments, die mir seit früher Jugend vertraut waren, in den Hintergrund zu schieben, fand mich auf dem Minenfeld der Religionen wieder, und das hatte, merkte ich jetzt, auch etwas Erheiterndes –

Es war mir, als durchschaute ich plötzlich das Wesen des Christentums und seiner Gnadenlosigkeit: Abrahams Gott des Alten Testaments stoppt die Schlachtung des Sohnes im letzten Moment, der Christengottvater des Neuen Testaments aber opfert den Sohn, um damit angeblich die Menschen zu retten und gnädig zu erlösen, was für ein Rückschritt, was für ein Umweg –

Zum ersten Mal blitzte der schöne, der humoristische Gedanke auf, ob es nicht besser gewesen wäre, die Christen wären Juden geblieben oder irgendwann wieder Juden geworden, aber solche grell aufleuchtenden Was-wäre-wenn-Phantasien behielt ich für mich und knipste sie schnell wieder aus –

Während ich mit Chaim und den andern durch die Höhlen von Qumran spazierte und zur sogenannten Höhle Davids weiterfuhr, sog ich jede seiner Erklärungen auf und spürte noch beim Picknick vor Davids Versteck den Widerspruch zwischen der brutalen biblischen Legende und der erstaunlichen Tatsache, am Tag zuvor seit langer Zeit mal wieder einem gläubigen Menschen zugehört zu haben und von ihm nicht nur verstanden, sondern durch und durch begriffen worden zu sein, und irgendwie merkte ich, dass dies noch nicht das Ende meiner Beschäftigung mit dem übermächtigen Isaakstoff sein konnte –

Wir fuhren am Toten Meer entlang, wir stiegen auf den Ruinen der Festung Masada herum, und die Geschichte dieses Ortes und seiner Eroberung durch die Römer nach monatelanger Belagerung beeindruckte mich so, dass ich mir einbilden wollte: Hier, weit weg von dem doppelten Boden, von dem biblischen Boden Jerusalems, hier, wo mir kein Prophet, wo mir kein Star aus der Bibel vorgesetzt wird, hier und jetzt verstehe ich Israel –

Ein Abend später der öffentliche Auftritt, wir waren fünf Autorenpaare, eine israelische Autorin oder ein Autor stellte einen deutschen oder eine deutsche vor, las etwas von sich und dann die hebräische Übersetzung des Gastes, danach lasen die Deutschen, wir kamen als drittes Paar an die Reihe –

Chaim redete lange, über den Text und mich, länger, so schien es mir, als die anderen, und er redete auf der Bühne noch leidenschaftlicher als zu mir, außer den Namen Abraham, Yitzhak und meinem eigenen Namen verstand ich natürlich nichts, später meinte er, er habe nur das gesagt, was er mir auch gesagt habe, und nachdem er, der geübte Leser, die Passage gelesen hatte, brauste der Beifall los, zum ersten Mal an diesem Abend heftig, und ich schrieb ihn mehr Chaims Rhetorik oder seiner liebenswürdig engagierten Art zu als dem Text –

Ich begann zu lesen und spürte, dass ich schon mit den ersten Worten, mit der Behauptung «Ich war Isaak» das Publikum auch in den entfernteren Winkeln des Saals erreichte, zweihundert oder dreihundert Leute, wie viele überhaupt Deutsch verstanden, wusste ich nicht, vielleicht ein Drittel, ein Viertel oder weniger, es war gleichgültig, sie waren bestens eingestimmt durch Chaim und hatten gerade die Übersetzung gehört –

Trotzdem versuchte ich so zu lesen, als müsse jede Zuhörerin, jeder Zuhörer jedes einzelne Wort verstehen, verlangsamte immer wieder die Tempi des langen Satzes, täuschte Melodien an, setzte Synkopen und rhythmisierte die Betonung möglichst vieler der mit vielen Kommata gestaffelten Wörter, spielte mit der Spannung zwischen dem biblischen Abraham und dem hessischen Dorfpfarrer, jede Silbe sollte auf resonanzbereite Ohren treffen –

«Ich war Isaak, der Sohn, der Vater griff seinen Sohn *und fasste das Messer*, weil sein Gott ihm befohlen hatte, *dass er seinen Sohn schlachtete*, ich sah Isaak mit erschrocken ergebenen Augen auf dem Holzschnitt der Bilderbibel von Schnorr von Carolsfeld, ich war Isaak, gefesselt ängstlich gebeugt gedrückt an den Vater Abraham, vom Vater mit der linken Hand festgehalten, während die rechte mit dem am Schaft sehr breiten, dann spitz zulaufenden Messer schon ausholte, Isaak konnte es nicht fassen: der Vater ersticht ihn, ich konnte es nicht fassen: was für ein Gott, der so etwas befiehlt, was für ein Vater, der ohne Widerworte einem solchen Befehl gehorcht, ich zitterte, ich blutete, sah mich brennen auf dem Altar, dem Scheiterhaufen, ich wusste nicht, wie mir geschah, und auch wenn mein Vater keine Ähnlichkeit hatte mit Abraham, keinen Bart, kein langes Haar, keine kompliziert gewickelten Tücher als Gewand, und auch wenn Brandopfer nicht mehr der Brauch waren, er war der Vater, ich der Sohn, über uns beiden Gott, und ich wusste so wenig wie Isaak, welche Gebetsgespräche der Vater mit seinem Herrgott führte, wie eng seine Beziehung zu diesem Wesen war, das alles wusste, alles konnte, alles vorhersah, ich wusste nicht, ob mein Vater direkte Anweisungen und Befehle vom Herrn im Himmel erhielt wie die großen Gestalten des Alten Testaments, ich fürchtete nicht, von meinem Vater wirklich erstochen zu werden, aber es genügte die Vorstellung, das Hören auf die Bibelgeschichte, der Blick auf den Holzschnitt: da ist ein Gott, ein lieber Gott, der einen seiner frömmsten und dienstbarsten Anbeter zwingt, seinen eigenen Sohn zu schlachten, seinen einzigen Sohn, da ist ein Vater, der diesen Befehl ohne Murren und ohne Fragen ausführt oder ausführen will, der den Sohn noch das Brandholz schleppen lässt, den Sohn belügt, als der nach dem Opfertier fragt, den Sohn fesselt und auf den Altar zwingt, der Altar ist Schlachtplatz und Feuerplatz in einem, *und reckte seine Hand aus und fasste das Messer, dass er seinen Sohn schlachtete*, wenn nicht im letzten Augenblick der Engel aufgetaucht wäre und den Sohn gerettet hätte vor dem Vater, der auch noch ausführlich gelobt wird, *denn nun weiß ich, dass du Gott fürchtest und hast deines einzigen Sohnes nicht verschont um meinetwillen*, da ist das glückliche Ende, ein Widder wird geschlachtet und verbrannt, aber wo ist der Sohn, was denkt der schreckstarre Isaak, was dachte ich, wie konnte ich mich sicher und angenommen und aufgehoben fühlen von der *frohen Botschaft* eines Herrn, der meinem frommen Vater ähnliche Prüfungen abverlangt, wie weit würde mein Vater gehen in einer vergleichbaren Situation, wäre ihm Gott lieber als seine Kinder, als ich, gab es nicht irgendwo in der Bibel den Satz: *wer Sohn oder Tochter mehr liebt denn mich, der ist mein nicht wert*, und warum wurde jeder am Geburtstag frühmorgens von der übrigen Familie, die in Schlafanzügen, Bademänteln oder in Tageskleidern antrat, mit dem Choral *Lobet den Herren* geweckt, der mit den Zeilen *Abrahams Namen* oder *Abrahams Samen* an das Messer zwischen Vater und Sohn erinnerte, mein Vater hatte die Choräle und die Gewalt auf seiner Seite, das Messer sonntags am Braten, manchmal hatte er mich geschlagen, mit der Hand auf den Hintern, mit dem Teppichklopfer auf den Hosenboden, bis ich schrie und schrie und er die Lüge oder den kleinen Diebstahl genug bestraft fand, oder er stimmte mit der Mutter ab, ob ich fünf oder zehn oder zwanzig Schläge bekommen sollte und führte den Beschluss aus gegen mein Wimmern und Schreien, wie weit ließ sich die Gewalt steigern, *dass er seinen Sohn schlachtete*, wir lebten in anderen Zeiten, geschlachtet wurden die Schweine auf dem Bauernhof, an den Ohren gezogen und mit Mistgabeln aus dem Stall getrieben, der Hausschlachter betäubte das Schwein mit einem Bolzenschuss, spaltete den Schweinskörper und kreuzigte ihn mit dem Kopf nach unten, wir zahlten Herrn Mücke, Flüchtling aus Schlesien, ein paar Groschen, damit er uns Hühner und Kaninchen schlachtete, trotzdem sah ich das Messer in Vaters Hand und konnte mir doch kein Schlachtemesser in seiner Hand vorstellen, was für ein Gott war das, der die Kinder der Frommen foltert mit der Idee, jederzeit geschlachtet werden zu können, nur weil der Herr des Himmels und der Erde Probleme mit der Treue seiner Gefolgschaft hat, was für ein Gott, der sonst jede Lüge verbat und hier den Vater zum Lügen zwang, was für ein Gott, der auch die Väter foltert und ihnen das Schlachten der eigenen Kinder befiehlt, als ob es keine anderen Beweise für *Gottesfurcht* gäbe, welche Freude empfindet der große grausame Unsichtbare daran, das Töten als Liebesbeweis zu verlangen, der Engel kam zu spät, das spitze Messer verschwand nicht aus der Vaterhand, Isaak wehrte sich nicht, er suchte noch in dem Moment, da er die Situation begriff oder doch nicht begriff, Schutz an der mächtigen Vatergestalt, der Engel kam zu spät, der Schmerz war nicht mehr zu stillen, ich sah das Messer in Isaaks Herz, sah ihn bluten, sah ihn tot, und der Engel, der, vor der Bergkulisse schwebend, mit einer Hand den Widder an den Hörnern packte, den Ersatz für den Sohn, legte die andere Hand schützend über Isaaks Kopf und bremste den Schwung, mit dem der Vater gerade zustechen wollte, der Engel kam zu spät, das Ungeheuerliche war bereits geschehen, obwohl der Mord gerade noch abgewendet war, das Ungeheuerliche war das Spiel mit der Grausamkeit, das Spiel mit dem Leben des Kindes, die Quällust eines Allmächtigen und der traurige Gehorsam seines Dieners, das Ungeheuerliche war, dass der Schrecken des Kindes keine Rolle spielte in der Geschichte und ich mit dem Schrecken allein blieb» –

Der Beifall nach Lesungen kann höchst unterschiedlich ausfallen, spärlich, kühl, müde, pflichtschuldig, anerkennend, kurz und heftig, warm, begeistert, sehr begeistert, stürmisch begeistert, je nach Text und Ort und Tagesform, je nach Zivilität und Engagement der Veranstalter, je nach Neugier und Vorbildung des Publikums, doch was ich an dem Abend zu hören bekam, schien mir der herzlichste und wärmste Beifall, den ich bis dahin gehört hatte, es war etwas Körperliches, als wollten die Leute mir die Hand drücken oder als wollten sie mich mit ihren klatschenden Händen umarmen –

Als das letzte Autorenpaar fertig und die Veranstaltung zu Ende war, geschah genau das, was ich beim Beifall empfunden hatte, Leute traten auf Chaim und mich zu, immer mehr, vierzig, fünfzig Menschen umringten uns, umringten mich, drückten mir die Hand, sie umarmten mich zwar nicht, aber umarmten mich fast, es war schließlich keine Verbrüderung, die hier gefeiert wurde, sondern ein überraschendes gegenseitiges Verstehen: du bist nicht allein, auch wir sind Isaak –

Von denen, die etwas sagten, die einen auf Deutsch, andere auf Englisch, hörte ich, wie sehr der Text sie berührt habe, ich war weder die Heftigkeit der Anerkennung gewohnt noch die Menge der Leute, die sie zur Sprache brachten, ich fühlte mich nicht nur als Autor, sondern als Person beglückwünscht, als wollten die Leute mir zeigen, dass Isaak, dass ich gerettet war, dass Isaak und ich keine Angst mehr zu haben brauchten, als wollten sie sagen: Beruhige dich, das Messer wird dich nicht treffen, die Gefahr ist vorbei –

Danach fand in unserem Künstlerhotel, in der Herberge der Unbekümmerten, ein Abschiedsempfang statt, und der Reigen der Komplimente, der Zustimmung hörte nicht auf, hier waren es vor allem die anderen Autorinnen und Autoren, die mich nur als den unscheinbarsten in der Runde wahrgenommen hatten, der eine Woche lang nicht viel und vor allem nicht viel Nennenswertes zur Tagung beigetragen hatte, nun ließen sie mich merken, wie sie das Bild korrigierten, das sie von mir hatten, ließen mich ihren Respekt spüren, zumindest den Respekt vor dem gehörten Text –

Der Schweiger, er hatte allen gezeigt, dass er keine Niete war, er wurde plötzlich allseits geachtet und umschwärmt, der Stille hatte seinen Triumph, so schwebte ich zwischen den anderen, beschwingt vom Wein, dem guten Wein von den Golanhöhen, und bewegte mich auf einer neuen Stufe der Euphorie durch den Raum von einem Grüppchen zum andern und sog die freundlichen Worte auf –

Und als ich mit dem Tel Aviver Schriftsteller T. und seiner Frau Aviva zusammenstand und neue Sätze wärmsten Lobes hörte, öffnete Frau T. ihre Handtasche, zog zwei Krawatten heraus, hielt sie hoch und fragte, welche mir gefalle –

Beide leuchteten rot, gelb, grün, blau, ich zeigte auf die buntere, kräftigere, die Farben liefen ineinander in fröhlicher Mischung, und blieb bei meiner Wahl –

Dann schenke ich sie Ihnen, sagte sie, dafür dass Sie uns Ihre wunderbare Isaak-Geschichte mitgebracht haben –

Sie stelle diese Krawatten her, erklärte sie, Batik sei ihre Kunst, und verkaufe sie an Boutiquen, ein kleiner Nebenverdienst, sie habe gerade einige dabei, die sie morgen ins Geschäft bringen wolle, die beiden seien die schönsten, die habe sie eben für mich ausgesucht, die sei für mich, zum Dank für diesen Abend –

Umständlich bedankte ich mich in magerem Englisch, band mir die Krawatte sogleich und möglichst lässig um und zog in stillem Stolz weiter meine Kreise, ohne schon das größere Glück zu begreifen, das mir mit der Isaak-Geschichte widerfahren war –

Später, im Bett, blieb ich lange wach und versuchte zu erfassen, was da geschehen war: die Urszene der großen Religionen, die ebenso brutale wie fromme Legende, die hier ihren Ort der Handlung hatte, den archaischen Mythos oder, deutlicher gesagt, die dramatischste aller Vater-Sohn-Geschichten, die hier, ein paar Steinwürfe von meinem noblen Apartment entfernt, vor dreitausend Jahren entstanden sein soll und hier lokalisiert wurde –

Die Legende eines Mordes, der, in letzter Sekunde verhindert, gar nicht stattgefunden hat und gerade darum so wirkmächtig war, von Juden, Christen und Muslimen in den Mittelpunkt ihrer Theologien gestellt, mit allen möglichen Dogmen und Deutungen des Gehorsams befeuert, in endlosen theologischen Scharaden des Glaubens, Befehlens und Gehorchens durchgespielt und weitergegeben worden war, dreitausend Jahre lang –

Die durch so viele Köpfe, durch so viele Vorlesungssäle und Hallen, Synagogen, Kirchen, Moscheen, durch so viele heilige Schriften, Bücher und Breviere gewandert war bis in den Kopf meines Vaters, der sie an mich weitergegeben, in mich eingepflanzt hatte –

Diese zum Klischee erstarrte Geschichte, die ich nicht nur im Kopf hatte, die im Körper, im Blut kreiste, die durch mich, durch meine Phantasien, meine Hände und meinen Computer gegangen war und die ich auf meine naive Weise umgedeutet hatte –

Diese Geschichte, an der sich Maler bis hin zu Rembrandt und Caravaggio versucht hatten, diese Geschichte, die allen gehörte und von vielen vereinnahmt und ausgedeutet war, hatte ich auf meine Weise aufs Papier gebracht und zurückgetragen an den vermuteten Ort ihrer Entstehung und hier wirken lassen dank Chaims stimmstarker Hilfe –

Und die Menschen hier, ja, so pathetisch dachte ich, ausgerechnet die jüdischen Zuhörer, die rund um den Tempelberg lebten, denen Abraham und Isaak unendlich mehr bedeuten mussten als mir, ausgerechnet sie hatten sie mir abgenommen mit ihrem Beifall und hatten mir zu verstehen gegeben: die Gefahr ist vorbei, du brauchst keine Angst mehr vor deinem Vater zu haben, dein Bild von ihm stimmt nicht mehr, du musst ihn nicht mehr zum Bösen stilisieren, du bist gerettet, die Kindheit ist endgültig vorbei –

Immer stärker wurde das Glücksgefühl einer tiefen Erleichterung, ich war ein Jahr zuvor fünfzig geworden, mein ganzes Leben lang hatte ich mich abgemüht mit diesem Vater, hinter dessen Strenge und strenger Rolle ich die Liebe zu selten gefunden hatte, die ich brauchte, und den Schutz, den ich suchte –

Von dem Moment an, als er in das Leben des fast Fünfjährigen getreten war als Heimkehrer, der vom ganzen Dorf gefeiert wurde, als ehemaliger Kriegsgefangener, als einer, der sich und seiner Kirche in der Gemeinde Respekt und Wirkung verschaffen musste und der sich, wie ich erst später begriff, zwischen die Mutter und mich gedrängt und, gestern noch abwesend, sich von heute auf morgen als Herr des Hauses mit der doppelten Autorität als Vater und Pfarrer etablierte –

Von diesem Schock bis zu dem Schock seines frühen Todes mit achtundvierzig Jahren und dem Schock seines Weiterlebens in mir noch drei Jahrzehnte über seinen Tod hinaus hatte ich mit ihm gekämpft, gehadert, hatte ihn bewundert und gehasst, beweint und zu begreifen versucht und seine vielfältigen freundlichen Seiten selten gewürdigt –

In der Erzählung über den Weltmeistersonntag von 1954, die ein gutes halbes Jahr zuvor erschienen war, hatte ich zum ersten Mal meine ambivalente, meine kritische Haltung zu ihm zur Sprache gebracht, eine schwere Arbeit, denn ich wollte ihn, der bereits so lange Jahre tot war, oder beide Eltern, die Mutter lebte krank und pflegebedürftig, nicht auf die Anklagebank setzen und vorwurfsvoll herumlamentieren und alte Kränkungen aufwärmen –

Ich hatte mir vielmehr vorgenommen, nichts weiter als die Beobachtungen und Gefühle des Elfjährigen mit größter Genauigkeit, also mit der Sprache, die mir inzwischen, wie ich hoffte, zur Verfügung stand, zu beschreiben –

Dies Verfahren, die intimen, kindlichen Nöte mit dem Vater, mit der Religion, mit meiner Sprachlosigkeit zu verknüpfen mit der fanatischen Aufmerksamkeit des naiven Radiohörers während der Übertragung des Weltmeisterschaftsendspiels von 1954, diese Kombination privatester Empfindungen mit einem unvergesslichen Ereignis nationaler Wiedererweckung, hatte nicht nur Beifall gefunden –

Gerade in den besseren Zeitungen war das Wagnis, die Introversion einer kindlichen Seele mit der Extroversion der nationalen Seele zu verbinden, nicht immer verstanden worden, hatten hochnäsig auftretende Fußballideologen oder sich als Fußballexperten aufspielende Kritiker den Autor verhöhnt für das Benennen kindlicher Schmerzen und das Beschreiben sprachlicher wie körperlicher Behinderungen an einem heiligen Fußballsonntag –

Auch wenn ich trotz der in Riesenauflagen gedruckten Demütigungen und Anfeindungen an der Richtigkeit dieser formalen Lösung nie ernsthaft gezweifelt hatte, so stellte sich doch erst jetzt, in Jerusalem, im Bett liegend, heraus, dass solche intuitive Kühnheit sich bewährt und zu den unerwarteten Belohnungen dieses Abends, zur großen Erleichterung, ja Läuterung geführt hatte, die ich allmählich zu begreifen begann –

Das Publikum hier hatte mir in letzter Instanz recht gegeben gegen die aufgeplusterten Schwachköpfe, über die ich mich den ganzen Sommer lang geärgert und die ich abwechselnd Fußballidioten, Literaturmeuchler, Fußballspießer, Ego-Journalisten und Arm-Ranickis genannt hatte, auch weil sie neben Fritz Walter keinen Abraham dulden wollten –

Gerade die Abraham-Isaak-Passage hatten manche auch wohlmeinende Leserinnen und Leser für übertrieben gehalten, und sie hatten recht damit, denn natürlich war mein Vater nie mit dem Messer auf mich losgegangen, es war nur der Teppichklopfer für die eine oder andere Tracht Prügel, natürlich hatte er nur dann ein scharfes Messer in der Hand, wenn der Sonntagsbraten oder die Weihnachtsgans zu schneiden war –

Natürlich hätte er nie eins seiner vier Kinder der Gefahr ausgesetzt, geschlachtet zu werden, geschweige von ihm selbst, natürlich gab es in der Mitte des zwanzigsten Jahrhunderts in einem vergleichsweise zivilisierten Land und unter Protestanten andere Formen für Gottesfurcht und Opferdank als die Vorbereitung zum Mord –

Ich hatte übertrieben, weil die Phantasie nicht übertrieben hatte, ich musste übertreiben, weil ein Gedanke, wie ich von Dürrenmatt gelernt hatte, einmal gedacht, nicht mehr zurückgenommen werden kann –

Weil die Phantasie irgendwann einmal diese Szene ausgemalt hatte, vielleicht im Unterbewusstsein des Kindes oder des wild Pubertierenden vor den drastischen Bibelbildern des Schnorr von Carolsfeld oder später bei Rembrandt und Caravaggio oder beim fragenden Nachdenken über die Nöte des von zu viel Autorität eingeschüchterten und verstummten, verstotterten Kindes –

Es war das schrecklichste Bild, das ich dem Vater entgegenhalten konnte, meine biblische Abwehrwaffe, aus seinen biblischen Angriffswaffen geschmiedet, der lauteste Schrei, die härteste Anklage: Ich war Isaak, und du, Abraham, hast das nie begriffen –

Ich war nicht mehr Isaak, das spürte ich jetzt, mein Vater war nicht mehr Abraham, ich begann meine Vorwurfshaltung, die mir selber zur Vorwurfslast geworden war und die ich jahrzehntelang mitgeschleppt hatte, zu lockern und loszuwerden und abzuwerfen, es half mir, ja, es stärkte mich, in dem Vater endlich keinen potenziellen Mörder, keinen Bösen, keinen Messermann mehr zu sehen –

Und bevor ich einschlief, beschloss ich, diesen Text, die dreieinhalb Seiten niemals wieder vorzulesen, weder öffentlich noch privat oder im Radio, weder in Deutschland noch anderswo, im Buch sollte er bleiben, da gehörte er hin, aber nie wieder laut, nie wieder anklagend vorgetragen werden, jedenfalls nicht von mir, diese Lesung sollte die letzte gewesen sein, das schwor ich in der Stille dieser Nacht –

Die Geschichte, die in Jerusalem vor dreitausend Jahren angefangen hatte und die nun wieder in Jerusalem gelandet war, sollte nun ein für alle Mal in Jerusalem bleiben, sollte hier abgegeben, abgeworfen, abgelegt werden und damit für mich abgetan sein, Jerusalem, hatte ich gleich zu Anfang der Reise gelernt, heißt übersetzt: das Ganze, und das Ganze war, welch schöne Logik, auch gleichbedeutend mit: Frieden –

Das Ganze aber war, wie jeder sah, vielfach geteilt, der Frieden war, so die bittere Logik, nur als Pause im Kriegszustand zu haben, als Waffenstillstand, im November 1994 sogar ein relativ friedlicher Stillstand, und Chaim sprach von der Logik des Irrsinns dieser Stadt –

Als Tourist war man sicher in diesem Pulverfass, und jetzt, da ich hier so unverhofft beschenkt worden war und mich von Abrahams Macht und Abrahams Messer befreit fühlte, kam es mir vor, mit der Jerusalemer Krawatte noch besser geschützt, gestärkt und in der Lage zu sein, auch die Komik meiner Rolle zu akzeptieren, als christlich erzogener Nichtchrist auf dem doppelten, dreifachen, auf dem biblischen Boden Jerusalems zu wandeln –

Seit früher Jugend waren mir die klassischen Geschichten und markanten, muskulösen Figuren des Alten und des Neuen Testaments vertraut, ich sah sie immer noch vor mir in den klaren Umrissen der Kinderbibel, ich war mit ihnen aufgewachsen, sie hatten Wahrnehmungen, Kopfbilder, wahrscheinlich sogar das moralische Empfinden geprägt, dann hatte ich sie drei Jahrzehnte lang in den Hintergrund zu schieben versucht –

Nun aber begegnete ich ihnen an jeder zweiten Straßenecke, obwohl ich wegen der deutschen Morde an den Juden Europas und der Frage nach produktiverem Miteinander von Israelis und Deutschen und nicht als Bibeltourist gekommen war, nun war ich zusätzlich mit David oder Jesus und all den anderen Figuren meiner fernsten Vergangenheit konfrontiert, die auf den verschiedenen Schauplätzen der Stadt wieder auferstanden und Aufmerksamkeit forderten ringsum im Land, das ich nicht Heiliges Land nennen mochte –

Auf die Sehenswürdigkeiten aus dem Reiseführer war ich vorbereitet, aber über die flache touristische Neugier hinaus wusste ich nicht recht, ob es mich eher rührte oder amüsierte, hier auf den Garten Gethsemane, dort auf Golgatha, auf die Grabeskirche zu stoßen, da auf David oder Absalom oder den gesteinigten Stephanus –

So lief ich allein, zu zweit oder in kleiner Gruppe nach dem Leseabend noch zwei Tage durch die Stadt, was nicht weiter erwähnenswert wäre, wenn ich dabei nicht die Jerusalemer Krawatte unsichtbar um den Hals getragen hätte, die meine Stimmung hob und half, auch die Besichtigung der christlichen Stätten locker zu absolvieren –

Nachdem sich in der Angelegenheit Abraham-Isaak Entscheidendes geklärt hatte, konnte ich die Verfeindungslust der sechs christlichen Konfessionen noch leichter belächeln, die um jeden Zentimeter in der sogenannten Grabeskirche zankten, konnte mein Halbwissen oder Achtelwissen über die Widersprüche mancher christlichen Legenden oder den Erfindungsreichtum der Konstantin-Mutter Helena ausspielen –

Die dreihundert Jahre nach Christus und mehr als zweihundert nach den Evangelien-Erzählern für jede neutestamentliche Geschichte mit sicherem Gespür den passenden Ort entdeckt, die passenden Toten requiriert und jeden Fingerknochen oder Nagel als Beweisstück gesammelt und zur Reliquie befördert, die Reliquienkonjunktur angefeuert hatte und die meisten christlichen Stätten in Jerusalem dank ihrer Phantasie erst zu solchen gemacht hatte, bis hin zu dem Saal, wo das «last supper» stattgefunden haben soll –

Als würden wir heute, sagte ich zu Freund V., in Lützen bei Leipzig auf dem Schlachtfeld von 1632 im Acker wühlen, eine Schuhsohle aus dem neunzehnten Jahrhundert finden und als Teil der Ausstattung König Gustav Adolfs von Schweden verkaufen und anbeten –

Man konnte lachen über die geschickte Betrügerin, die Meisterin der frühchristlichen Legendenkultur, aber das Durchschauen des Schwindels, das Besserwissen ist kein angenehmer Zustand, das permanente Zweifeln und Hadern auch nicht –

Also ließ ich meine Vernunft vernünftig werden und nachgeben, ließ sie milde werden und räumte den Fiktionen, Realien und Ruinen der christlichen Geschichte, unabhängig von ihrer Glaubwürdigkeit, zumindest ein Existenzrecht als höhere Märchen und Mythen ein –

«According to tradition», mit dieser Formel behalf man sich, wenn das allzu Unglaubhafte geglaubt oder wenigstens respektiert werden sollte, beispielsweise der tonnenschwere Stein in der Grabeskirche, den der eben noch tote Jesus weggeschoben haben soll, mit dieser Formel versuchte ich, meine Zweifelfreude zu bremsen und den Leuten, wenn sie ihn denn brauchten, ihren Glauben zu lassen –

Auch meinen Eltern, die ohne ihren Glauben das Leben nicht ausgehalten hätten und tausendmal dankbarer als ich gewesen wären für solch eine Gelegenheit, all diese Orte, ihre Orte besuchen zu können –

Während in der Höhenluft dieser Stadt, wo zwei Religionsstifter zur Himmelfahrt gestartet sein sollen und der dritte, Moses, allgegenwärtig ist, manche Leute vom Jerusalem-Syndrom befallen werden, dem Wahn, dieser oder jener Prophet und Heilige aus der Bibel zu sein kurz vor der Himmelfahrt, beobachtete ich bei mir nach der Entlastung, kein Isaak mehr sein zu müssen, den gegenteiligen Effekt einer heiteren Ernüchterung vor all den frommen Mythen und Fiktionen –

Und konnte durch Jerusalem laufen, wie ich nach der Lektüre von Goethe, Joyce oder Uwe Johnson durch Sesenheim, Dublin oder Güstrow und Klütz gelaufen war –

Bei den Stätten des Alten Testaments war das leicht, am Tempelberg mit den sichtbaren Resten des alten Tempels waren Abraham und Isaak nun abgeladen und abgetan, und ob Davids Grab wirklich Davids Grab war oder Salomos Ställe Salomos Ställe, mit solchen Fragen musste ich mich keine Sekunde herumschlagen –

Anders als bei der christlichen Überlieferung stand hier nicht die Autorität des Vaters zwischen mir und dem Glauben, zu dem er mich mit allen seinen Mitteln zu ermuntern, fast zu zwingen versucht hatte, und ich begann, den zentralen Unterschied zu begreifen: Das Christentum verlangte den Glauben, das Judentum klugerweise nicht –

So förderten die Ruinen von Salomos Ställen oder Absaloms Grab, die Hinweise auf David und Abraham meine Sympathie für die jüdische Religion gerade dadurch, dass sie die Parteilichkeit des Glaubens nicht forderte, Davids Psalmen konnte man lesen, ohne zu glauben, und vielleicht sogar besser verstehen –

So viele Fragen, so viele Anregungen, so vielfältige Brüche zwischen Religionen, Völkern, Staaten, dass einem schwindlig werden konnte, sodass wir in der Schlussrunde unserer Gespräche nur vorsichtige Antworten zu den gemeinsamen Wunden und Traumata gaben und weiter fragten –

Suchten, wie die deutsche Kollegin K. vermutete, viele Deutsche ihre Depressionen bei den Juden loszuwerden, suchten die Israelis, wie die israelische Kollegin H. meinte, bei uns eine Befreiung von der Zwangsvorstellung, das Volk der Deutschen sei ein Mördervolk, suchten wir, suchte auch ich eine Art Absolution in Jerusalem, oder hatte ich sie gerade gefunden, solche Fragen sollten offen bleiben –

Immerhin war es in den Gesprächen gelungen, die Opfer- und Täter-Debatten ohne Klischees durchzuhalten und dem milderen Jerusalem-Syndrom der Selbstüberschätzungen und falschen Identifizierungen zu entkommen, immerhin konnte ich in der Schlussrunde von unserm allgemeinen Gewinn an Humor und meinem speziellen Gewinn des Jerusalemer Beifalls und der Krawatte sprechen –

Die mir schließlich ganz am Ende, drei Nächte nach dem Leseabend und der feierlichen Verleihung des Krawattenordens, in den letzten Stunden vor dem Rückflug einen weiteren Gewinn bescherten –

Als nach langer, schlafloser Nacht am frühen Morgen, kurz vor dem Aufstehen, vor der Abfahrt des Busses von der Herberge der Unbekümmerten zum Flughafen, vor dem Flug nach Berlin, dieser Traum heranwehte –

Ein Toter wurde auf einer Bahre an mir vorbeigetragen, und obwohl ich das Gesicht nicht erkennen konnte, wusste ich, es war mein Vater, und als er aus meinem Blickfeld ins Dunkle getragen war, sagte ein älterer Mann in dunklem Anzug, der ein paar Schritte neben mir stand und zuerst als der Therapeut, mit dem meine Frau und ich unsere Ehe zu retten hofften, dann als mein Onkel erkennbar wurde, der ältere Bruder meines Vaters: Erinnere dich, wie brüderlich er war –

Mit diesem Satz wachte ich auf und war glücklich, den Vormittag über sprach ich die Wörter immer mal wieder still vor mich hin wie eine Formel: Erinnere dich, wie brüderlich, mein Körper wurde leichter, mein Kopf ebenso, bis in die Herzkammern hinein, bis in die kleinsten Hirnwindungen fühlte ich mich glücklich und ungewohnt frei von aller Vaterlast –

Die Versöhnung war bestätigt, die mich drei Nächte zuvor überrascht und ergriffen hatte, wieder blühte ich auf in dem Bewusstsein, diesen Mann, diesen Toten, nicht mehr als übermächtige Vatergestalt wie Abraham betrachten, ihn nicht mehr zu einer gefährlichen, feindlichen Figur stilisieren zu müssen –

Mit einundfünfzig Jahren war ich inzwischen drei Jahre älter als er geworden war, ich konnte ihn als Bruder, ja sogar wie mein Onkel als jüngeren Bruder betrachten und akzeptieren mit seinen guten und schwierigen Seiten, ich brauchte ihn nicht mehr als Gegner –

So überwältigt war ich, dass ich diese Erleichterung auch vor dem einen oder anderen mitreisenden Kollegen nicht verbarg und manche sich vielleicht wunderten, wie heiter ich plötzlich wirkte, als wir im Bus und auf den Hockern in der Wartehalle des Flughafens nebeneinandersaßen, und wie ich den Freunden M. und V. und Sch., die meine Isaak-Vergangenheit begriffen hatten, den Vaterversöhnungstraum andeutete –

Die Traumszene blieb mir auch auf dem Flug präsent, bequem durch die Luft getragen, das Isaak-Trauma immer weiter hinter mir lassend, Gustav Mahlers Musik in den Ohren, sah ich immer wieder die Bahre mit dem toten Mann an mir vorbeiziehen und hörte immer wieder den Satz seines Bruders, und auch mit kritischstem Befragen konnte ich keine andere Deutung dieses Traums finden als die einer tiefen Versöhnung und Befreiung –

Es war unvermeidlich, dabei auch die Beerdigung des Vaters zu erinnern, vierunddreißig Jahre zuvor, als die große gotische Nikolaikirche in Korbach voll war von Menschen bis hoch auf die Emporen, und meine Mutter und meine Geschwister und ich in der ersten Reihe saßen –

Es war unvermeidlich, dabei auch an die nächste, die bevorstehende Beerdigung zu denken, an die vom Schlaganfall gelähmte, kaum noch artikulationsfähige und Monat für Monat dem Sterben näher rückende Mutter, die nach zwanzig Mädchenjahren und zwanzig Ehejahren nun mit letzter Kraft ihr vierunddreißigjähriges Witwenleben zu Ende brachte –

Doch der Sog der Gedanken ging im Flugzeug noch einmal zum Vater, zurück zu dem Gefühl im Bauch, das ich hatte, als ich unter der schmeichelnden Gewalt der Orgel, unter der Wucht der Choräle, unter dem Pathos der frommen Worte und Floskeln auf den Sarg starrte, ohne Tränen –

Ich hielt mich für den unglücklichsten aller unglücklichen Siebzehnjährigen, hatte genug Trauer mit mir selbst und war so auf mich fixiert, dass ich noch nicht bereit war, den Verlust zu sehen oder den Verlust zu beweinen, den ich gerade, sichtbar für alle, erlitten hatte –

Den Vater hatte ich lange krank gesehen, dann sehr krank, nun sah ich den geschlossenen Sarg, aber man hatte mir nicht den toten Vater gezeigt, das hatte mir erst der Traum in Jerusalem beschert –

Bei der Beerdigungsfeier hatte ich mich, solange ich konnte, als beherrschter Beobachter zu verhalten versucht, und erst, als die Reden und Lieder vorbei waren und die Sargträger zupackten und unsere Mutter und wir vier Geschwister uns hinter dem Sarg zur ersten Reihe der Trauernden formierten, als Hunderte von Menschen auf uns blickten und die Orgel leiser dröhnte, stiegen die Tränen in mir auf, verlor ich die Beherrschung und weinte los, zum ersten Mal in diesen Trauertagen, und weinte, heulte, schluckte und schluchzte, weinte lange –

Im Flugzeug, vierunddreißig Jahre nach dem Begräbnis, das den pubertierenden, poetisierenden Jungen völlig überfordert hatte, feierte ich, still für mich, dies Ritual noch einmal, erwachsen, heiter, brüderlich, dankbar an Chaim B. denkend –

Und fühlte wieder Hoffnung für die Ehe, ich war sicher, das Traumerlebnis, das Verschwinden uralter Schmerzen würde den mühseligen Gesprächen, die wir mit dem Familientherapeuten über das Für und Wider einer Trennung und des Zusammenbleibens führten, Auftrieb und Anstoß geben –

Ja, ich war ein anderer geworden in Jerusalem, die Krawatte von Aviva aus Tel Aviv war der Beweis, und diesen unerwarteten Ertrag und die zuckende Freude wollte ich gleich nach der Landung meiner Frau mitteilen, die ich nach dem Leseabend schon beglückt angerufen und vorbereitet hatte –

Wir saßen am Abend in der Küche, die Kinder schliefen, ich zeigte ihr die Krawatte, die sie abschätzig und misstrauisch, weil sie von einer Frau kam, musterte, erzählte von Chaim und seiner Rede, vom Beifall, von der Krawatte und ihrer Spenderin, vom Gefühl der Entlastung und Befreiung, vom Finale des Traums und der Versöhnung mit dem Vater –

Sie sagte lange nichts und dann nur einen Satz, mit scharfer, zurechtweisender Betonung das letzte Wort unterstreichend: Aber er war doch grausam –

Zwei, drei Minuten lang sprachlos, eine Relativierung, ein Dementi, eine Zuwendung erwartend, die nicht kam, unfähig, zu antworten und zu argumentieren oder zu streiten, versuchte ich noch einen Ansatz der

Erklärung, doch die nächste harsche Reaktion ließ mich begreifen, dass sie meinen Jerusalemer Gewinn sehr wohl verstanden hatte, aber beißend eifersüchtig war auf solche Versöhnung und am Raster der bösen Väter, der bösen Männer festhalten wollte oder festhalten musste, und ich verließ die Küche, ging in mein Arbeitszimmer, fassungslos, dass nicht einmal mein unerwartetes Seelenglück von den Pfeilen negativen Denkens verschont blieb und dass mit ihr kein Frieden mehr zu finden sein würde –

Ein halbes Jahr später trennte ich mich von ihr aus solchen Gründen, und so wurde das Stück gebatikten Stoffs neben allem anderen, was es für mich bedeutet, auch ein nicht ganz nebensächlicher Trennungsgrund –

Ausgerechnet diese bunte, schmale, fröhliche Jerusalemer Krawatte –

Die sieben Sprachen des Schweigens

An jenem Maitag des Jahres 2003 hätte ich nichts dagegen gehabt, noch ein wenig länger in Schillers Garten zu bleiben, auf dieser aus der Gegenwart geschnittenen Insel, und nach der Besichtigung des Hauses, zu betreten mit einer Eintrittskarte noch aus DDR-Zeiten für 0,50 MDN, überstempelt mit 1 DM, und ein zweites Mal mit 2 EURO, eine weitere Runde auf den Wegen entlangzuschlendern –

Oder auf einer der Bänke zwischen Beeten und Rasen, Hecken und Blumenstauden die Beine auszustrecken oder mich vielleicht doch an den Steintisch zu setzen, wo vor etwa zweihundert Jahren die Freunde Goethe und Schiller «so manches gute und große Wort miteinander gewechselt» hatten –

Manches gute und große Wort – bei der Annäherung an diesen Tisch mit zwei weißen Holzbänken unter einer schütteren Laube erschien es mir obszön oder irgendwie lachhaft, mich mit dem amerikanischen Freund und Wiener Emigranten S., der neben mir ging, oder anderen Kollegen, mit denen ich sonst jederzeit zu Scherzen und Kalauerei bereit war, an den Tisch der Großen zu setzen, mit naheliegenden Anspielungen zu juxen und sich von der allgegenwärtigen Fotografin ablichten zu lassen –

Im Getöse der anfahrenden und bremsenden Motoren an zwei Kreuzungen direkt hinter dem Zaun, unter dem Hupen, den Auspuffbässen und Reifengeräuschen konnte ohnehin kein gutes Wort mehr aufkommen, von großen Worten, die wir uns schon selber nicht mehr zutrauten oder zuschrieben, ganz zu schweigen –

Sekundenlang zögernd, mit vielleicht zu viel Ehrfurcht, ob ich oder wir auch ohne jede Dichterfreundschaftsmimerei hier kurz mal Platz nehmen oder aus Respekt vor den beiden Urvätern gerade nicht Platz nehmen sollten, hörten wir den Sekretär etwas in unsere Richtung rufen, den Leitwolf unseres Haufens von ungefähr zwanzig Leuten, doch wegen des hier besonders lästigen Lärms der Autos verstanden wir nichts und verließen die schönste und lauteste Ecke des Gartens mit Steintisch und Laube –

Und näherten uns den anderen Frauen und Männern, die in Friedrich Schillers Haus und Garten herumgelaufen waren und nun zu zweit, zu dritt oder in kleinen Grüppchen plaudernd herumstanden, entzückt über das maifrische Grün in der seit zweihundert Jahren halbwegs erhaltenen klassischen Oase, vom Sekretär zum Gehen, zum Weitergehen, zum Aufbruch ermuntert, zu einem kurzen Gang durch die Jenaer Innenstadt zum Mittagessen im «Schwarzen Bären» –

S. blieb bei einer Kollegin mit floristischen Kenntnissen stehen, während ich ein paar Schritte weiterlief zur Gartenpforte, wo ich K. entdeckt hatte, der gerade nicht von Kollegen und Fotografen belagert wurde, und da ich ohnehin noch eine Kleinigkeit mit ihm zu besprechen hoffte, schritt ich auf ihn zu, was ihm zu gefallen schien, und unser nicht geplantes und doch nicht zufälliges Zusammentreffen an diesem Jenaer Tag begann mit seiner einladenden Geste und seinem freundlichen Ton –

Ja, gehen wir, sagte K., seine Worte waren leise und gezielt, als sollte nur ich ihn hören, der neben ihm stand an der ruhigeren Seite des Gartens, selbst diese vier Silben sprach er, wie immer, wenn er sprach, mit feiner Melodie, fast singend in seinem ungarischen Akzent, er sagte nicht gehn, wie ich gesagt hätte, wie es üblich war in der mündlichen Rede, er verschluckte die zweiten Silben nicht, was den Wohlklang seines korrekten Deutschs noch steigerte und zu dem einladenden Lächeln passte, das in diesem Augenblick auf mich gerichtet war –

Ja, gehen wir, das war ein gutes Wort, und ich, so angesprochen, war sofort bereit, dem Älteren zu folgen und die Gelegenheit zu nutzen, mit ihm ein paar Schritte zu gehen, in Gedanken immer noch bei dem armen Schiller, der sich nur drei Sommer lang an diesem Besitz erfreuen konnte, der seiner Gesundheit und seinem Schreiben so förderlich gewesen sein soll, ein Anwesen auf einer kleinen Anhöhe vor der Stadt, damals gebettet in anmutige Gartennatur mit Aussicht auf das Leutratal und die Saale –

Heute war der Blick zur Saale und zum Paradies genannten Park hinter dem Bahnhof «Jena Paradies» versperrt, nicht einmal die nahe Bahntrasse Berlin – München zu sehen, die Leutra offenbar kanalisiert, das Grundstück ein von allen Seiten bedrohtes Reststück und nur dank der Berühmtheiten Friedrich Schiller und Ernst Abbe erhalten, umlärmt von pausenlosem Autoverkehr direkt hinter den Zäunen, und selbst an der ruhigeren Seite, an der Pforte zum Schillergässchen, wo wir standen, war es immer noch so unangenehm laut, dass die Einladung weiterzugehen zumindest dem Gehör Erleichterung versprach –

K. hatte als Erster reagiert auf das Drängen des auf Pünktlichkeit bedachten Sekretärs, und das war gewiss nicht seinem Hunger oder seiner Gehorsamsbereitschaft geschuldet, ich hatte eher den Eindruck (oder habe ihn vielleicht erst jetzt beim Nachschreiben dieser Augenblicke), dass es ihn nach der Hausbesichtigung und der Gartenbesichtigung früher als alle anderen wegzog von Schillers Paradies, seiner neidweckenden Werkstatt, dem privilegierten Dichter-Arbeitsplatz –

Vermutlich spürte er ein Unbehagen an solch einem Idyll, einer klassischen, geordneten Insel, auf der trotz des Lärms ringsum eine aufgeräumt andächtige Stimmung herrschte: Dort in der Schreibstube auf dem ummauerten Hochsitz, in dem Extragartenhaus in der Ecke des Gartens, schrieb Schiller am «Wallenstein», auf diesen Wegen schreitend und in dem blau tapezierten Arbeitszimmer unterm Dach goss er sein «Lied von der Glocke» in Reime, und so fort –

Andacht konnte dem sonst so höflichen Mann durchaus verhasst sein, der offenbar wegwollte von diesem musterhaft gepflegten Garten und dem schmucken Sommerhaus, das ihn ungut an sein entweder überheiztes oder zu kaltes Budapester Halbzimmerchen erinnert haben mochte, in dem er jahrzehntelang sommers wie winters seiner Galeerenarbeit an der Schreibmaschine nachgegangen war –

Ja, gehen wir, mit den drei Worten hatte er mich an seine Seite geholt, als wünsche, als brauche er einen Begleiter für die nächsten Schritte, und so traten wir auf die schmale Straße hinaus, ein Gässchen nur, wo ein paar Meter vor uns der Sekretär mit auffordernden Rufen und Blicken immer wieder die Gruppe in Bewegung zu bringen und in seine Richtung und endlich in Richtung Innenstadt zu ziehen versuchte –

Zu beobachten war das jedes Mal wieder komische Unterfangen, einen Freundeshaufen, eine Reisegruppe, eine Schulklasse zusammenzutreiben, zusammenzuhalten und zum zügigen Weitergehen zu motivieren, ohne allzu autoritär auftreten zu wollen –

In unserem Haufen überwiegend älterer Herren und Damen aus der zähen Zunft der Dichter, Denker und Professoren war das besonders schwierig, weil hier fast alle unablässig miteinander plauderten, diskutierten oder auf elegante, witzige Art stritten und sich dabei wenig um Terminpläne scherten und weil das Herdenverhalten in einer überschaubaren Gruppe von Einzelgängern, in der niemand zu einer Herde gehört oder gehören möchte, ähnlich schwer oder leicht zu verstehen und zu beherrschen ist wie das einer Schimpansenhorde –

Auch wenn wir auf dieser Tagung mit sattem deutschem Ernst über das Menschenrecht auf Kultur und den Staat und seine Verantwortung für die Kultur debattierten und ich das weitgehend für sinnvoll hielt, dachte ich doch oft an Franz Kafkas «Bericht für eine Akademie» und das Äffische im Menschen und das Komische des Wichtigkeitsverhaltens und ging gern mit dem Wissen hausieren, dass wir Menschen über achtundneunzig Prozent unserer Gene mit Schimpansen teilen, und hatte Spaß daran, wenn sich in Gesellschaft ernsthafter Menschen das Bild einer disziplinierten Gruppe von Schimpansen einstellte –

Ob die Gedanken des allseits freundlichen K., der ebenso wie ich größere Gruppen mied, ja flüchtete, in eine ähnliche Richtung gingen, ob er sich an ähnlichen kleinen Beobachtungen über die harmloseren Dressurversuche der Menschen durch Menschen erfreute, kann ich nicht wissen, ich habe ihn nicht danach gefragt, auch weil ich mich scheute, ihn mit einer Frage zum Herdenverhalten unabsichtlich an frühere, schreckliche Aufforderungen, tödliche Bitten und Befehle zu erinnern –

Ich habe ihn nicht einmal gefragt, ob er es überhaupt aushalten könne, wenn ein Deutscher mit lauter, um Autorität bemühter Stimme etwas von ihm erwartete oder verlangte, selbst wenn einer wie hier im freundlichsten Ton zum Mittagessen rief und eher verlegen als autoritär seine Rolle als zivile Ordnungskraft spielte –

So gehörten wir zu den Ersten, die sich hinter dem Sekretär auf dem Schillergässchen sammelten und ihm, am Theater vorbei, Richtung Stadtmitte folgten, den Jenaer Turm im Blick, das gläserne, runde Hochhaus mit dreißig Stockwerken, der Stolz der späten DDR, der Stolz der Jenaer und all ihrer Optiker, Symbol der Mikroskope und Teleskope –

Auch hier ist Erfolg, verkündete der Turm, auch wir steigen in den Himmel, wir sind kein Dorf, dies ist unser Ausrufezeichen, hier wurde die Ich-Revolution erfunden von Herrn Fichte und die optische Revolution von den Herren Abbe und Zeiss, hier seht ihr sie, die neue Zeit, das Licht der Aufklärung kommt durch die Linsen geschossen, aus Jenaer Romantik ist Jenaer Hightech geworden, und am Dach über dem funkelnden Glas leuchtete rot das dürre, nichtssagende Wort Intershop, als hinge das Wohl der ehrwürdigen Stadt an diesem dreisilbigen, trostlosen Geschäftswort –

Wir gingen einige Schritte auf den magischen, doch recht weit entfernten Turm zu, ohne uns weiter um die andern zu kümmern oder noch einmal auf Schillers Idyll zurückzublicken, und um die Gefahr zu vermeiden, von einem anderen, vielleicht wichtigen oder aufdringlichen Menschen unterbrochen und von der Seite des plötzlich so berühmten älteren Herrn gedrängt zu werden, brachte ich, ohne zu zögern, mein Anliegen vor –

Vor Wochen hatte ich ihn in einem Brief um die Erlaubnis gebeten, aus einem langen Satz eines seiner schmaleren Romane, «Kaddisch für ein nicht geborenes Kind», der mich fast mehr beeindruckt hatte als sein weltweit beachteter Klassiker, ein Zitat von nicht einmal zwei Zeilen als Motto für ein Buch zu verwenden –

Ein Brief allerdings, den ich dummerweise lange aufgeschoben hatte, zu lange, denn der schwedische Preis war dazwischengekommen und hatte zur Explosion seines Ruhms geführt, und mir war nichts anderes übrig geblieben, als meine Gratulation mit der Frage zu verbinden, ob ich seine Worte als Zitat nutzen dürfe, eine Bitte, die, wie ich vermutete, in den Bergen der Glückwunschschreiben gelandet, verschollen, vergessen, jedenfalls noch nicht beantwortet war –

Im Grunde ging es um die Erlaubnis, aus einem fast seitenlangen Satz einen kurzen zu machen, dort, wo er ein Komma gesetzt und die Spirale seiner Formulierungen über die leichte Erklärbarkeit und Berechenbarkeit des Bösen immer weiter und weiter getrieben hatte, einen Anfang mit Großbuchstaben markieren und nur das Ergebnis einer längeren, mit Kommata gesteigerten, schwindelerregenden Gedankenfolge festhalten zu dürfen: «Das wirklich Irrationale und tatsächlich Unerklärbare ist nicht das Böse, im Gegenteil: es ist das Gute» und dahinter einen Punkt zu setzen –

Ja, sagte K., nachdem ich meinen Wunsch noch einmal skizziert hatte und wir am Engelplatz an der ersten Fußgängerampel warteten, ich erinnere mich an Ihren Brief, ich kann nur stolz darauf sein, dass Ihre Wahl auf diese Zeilen gefallen ist, es ist eine Ehre für mich –

Vom runden Turm war jetzt nur noch die Spitze zu sehen, das blöde Wort Intershop leuchtete rot vom blauen Maihimmel herab, eine Straßenbahn zog vorbei mit einer Werbung für dunkles Bier, und ich war konfrontiert mit den seltenen Wörtern Stolz und Ehre, die vielfach missbrauchten Vergangenheitswörter, die ich nicht gern las oder hörte und nach Möglichkeit mied, Wörter von gestern, die plötzlich heranwehten wie aus Schillers Stuben –

Heranwehten wie die Werbung für das Schwarzbier und dann haften blieben, ich war erfreut über das schmeichelnde, herzliche Entgegenkommen des Älteren und wusste außer Danke nichts zu sagen, was konnte man schon sagen, wenn das Wort stolz fiel, wenn das Wort Ehre fiel, wenn ein solcher Mann sich stolz und geehrt fühlte und das ernst zu meinen schien –

Fixiert auf das Ampelrot, standen wir nebeneinander, ich sah seine Augen nicht, sah ihn nur von der Seite, das Profil mit Hut, als er nach einer kleinen Pause hinzufügte: Ein schöner Auftrag für einen deutschen Schriftsteller –

Ein Satz, der mich im ersten Moment irritierte und mehr Zweifel als Zufriedenheit in mir weckte, getroffen von dem Zweischneidigen oder möglicherweise Zweischneidigen dieser Formulierung und der Frage, ob er nicht doch auf feinste Weise ironisch und damit distanzierend gemeint gewesen sein könnte, Stolz, Ehre und Auftrag, das war ein bisschen zu viel für einen fröhlichen Skeptiker an einer Fußgängerampel am Engelplatz in Jena im Jahr 2003 –

Besonders skeptisch war ich gegen das Wort Auftrag, mit Aufträgen wollte ich, außer bei Zeitungsaufträgen, nichts zu tun haben, ich hielt mir viel darauf zugute, ohne Auftrag zu schreiben, höchstens in meinem eigenen, das war schon schwer genug –

Und gab mir Mühe, aus dem Nachhall dieses Satzes Spuren möglicher Zweideutigkeit herauszuhören, während uns die Ampel die Straße überqueren ließ, konnte aber weder in K.s Tonlage noch in seinen Gesichtszügen etwas deuten, was eine Irritation gerechtfertigt oder bestärkt hätte, da war nichts Argwöhnisches, nichts Hämisches, da war eher etwas überraschend Liebevolles –

So versuchte ich, das zu akzeptieren und anzunehmen, was ich heute seinen kollegialen Ernst und seine beharrliche Liebenswürdigkeit nennen würde, es lag einfach nichts Falsches darin, vielmehr etwas Durchsichtiges, Klares, Offenes, und das Geheimnis seines vielfaltigen Lächelns, seiner sichtbaren Freundlichkeit, die für manche auf den ersten Blick etwas von einem höflichen Kellner haben mochte, die aber denen, die seine Geschichte kannten, so wunderbar unerklärlich schien, weil sie wohl nur aus dem Wunder des Entkommens vor einer Übermacht an überbrutalen Mördern zu erklären war und aus der Gelassenheit späten Ruhms –

Ich brauchte mich jedenfalls nicht zu wehren gegen das, was er Auftrag nannte, und trotzdem war es mir, nun am Anfang der Fußgängerzone vor spiegelndem Schaufensterglas, zu heikel nachzufragen, was er mit diesem strengen Wort konkret gemeint haben mochte, wahrscheinlich sprang er mit älteren, leicht angestaubten Begriffen nur freier um als meine Generation –

Da er stets ein perfektes Deutsch hören ließ, manchmal mit kleinen charmanten, altmodischen Wendungen, vergaß ich immer wieder, dass er nicht seine eigene Sprache sprach und seine Gedanken und Halbgedanken jedes Mal übersetzen und unaufhörlich auf einer zweiten Denkschiene reflektieren musste, was denn überhaupt übersetzenswert und was genau genug war für diesen Jüngeren, der da neben ihm ging, und ich nahm mir vor, nicht weiter irritiert zu sein von einzelnen Worten wie diesen drei schwergewichtigen –

Ich hatte sein Ja für das Motto, damit war geklärt, was ich hatte klären wollen, wir hätten auseinandergehen können, und ich wäre zufrieden gewesen, aber wir gingen, wie es sich fügte, weiter nebeneinander her, erst jetzt bemerkte ich sein leichtes Hinken und spürte mit jedem Schritt immer dringlicher, nun etwas anderes sagen, den Gast unterhalten und eine erträgliche Konversation beginnen zu müssen –

Als Erstes dachte ich, ihm nun von dem Projekt zu berichten, für das ich das Motto brauchte, dem Roman über eine Ärztin und einen Arzt aus Berlin, die einer kleinen Widerstandsgruppe gegen die Nazis angehört hatten, er 1944 hingerichtet, sie im Nachkriegsberlin als Widerstandswitwe gedemütigt und von Ost-West-Kämpfen zerrieben –

Von der langen Freundschaft zu den Söhnen der beiden hätte ich sprechen oder mit der Geschichte des Richters auftrumpfen können, der am Volksgerichtshof, neben Freisler sitzend, außer dem Todesurteil für diesen Arzt noch mindestens zweihundertdreißig solcher Urteile, die reine Schmähschriften waren, im Namen des deutschen Volkes gefertigt hatte und dennoch im berüchtigten Jahr 1968 freigesprochen wurde, der Mörder des Vaters meiner Freunde –

Aber abgesehen davon, dass ich mit Außenstehenden nicht über Unfertiges sprach, was hätte ich diesem Mann, der seinen Mördern mehrfach entkommen war, noch erzählen können über Mörder, Nazis, Nazirichter mit Nachkriegskarrieren und ein paar anständige Leute als Ausnahmegestalten –

Er hatte dazu alles gesagt und vieles geschrieben und wurde trotzdem wieder und wieder aufgefordert, nicht nur an Gedenktagen, noch mehr zu sagen und sich zu wiederholen, eine Rede auf die andere zu wuchten, als sei er, der zufällig alles überlebt hatte, dazu als Kind, nun für alle Zeiten gleichzeitig Opfer, Zeuge, Ankläger und Klagemauer und oberster Richter, als sei er nur noch der Erinnerer und Versöhner und Seelentröster vom Dienst, als sei er der einzig Kompetente, die höchste Instanz für das größte Verbrechen des 20. Jahrhunderts, das uns allen zu schaffen machte –

Man wusste, wie überdrüssig er dieser Rolle war, man konnte es bei jedem seiner Auftritte spüren, und ich wollte nicht zu denen gehören, die das nicht respektierten und auf seine Höflichkeit, Nachgiebigkeit und Geduld spekulierten –

Vor drei Jahren hatte ich aus der Nähe erlebt, wie man ihn zum Objekt erniedrigt hatte, als ein großer Medienkonzern für einen Abend einen ganzen, erst im Rohbau fertigen Berliner U-Bahnhof unter dem Reichstag gemietet, mit provisorischen Treppen, Garderoben und Toiletten bestückt, mit Tischen und Theken, einer Kopie von Harry's Bar und einer Unzahl von Kellnerinnen und uniformierten Hostessen ausgestattet, mit exquisitem Buffetfutter und feinen Weinen schätzungsweise dreihundert Gäste aus allen Gewerken der Medienbranche und einigen Hauptleuten aus der Politik und sogenannter Prominenz fröhlich gestimmt und mit Musik und über den Köpfen baumelnden literarischen Zitaten unterhalten und hingehalten hatte –

Bis zwei hochaufgeschossene blonde Jünglinge in maßgeschneiderten Anzügen den Einundsiebzigjährigen auf die Bühne baten, die eine Rampe war, um sich mit ihm in ein riesiges Pappmaché-Buch zu stellen und mit dürren, lieblosen, aber pathetischen Worten einen kleinen Preis zu überreichen, dessen Schecksumme höchstens ein Zehntel, wahrscheinlich weniger als ein Zwanzigstel des Aufwands für das perfekt organisierte, durch und durch schamlose Marketing-Brimborium für das eigene Haus betragen mochte –

Und für den er sich höflich und lächelnd wie immer, aber fast wortlos bedankte, während ich ihm aus einiger Entfernung seine fürchterliche Beschämung anzusehen meinte, das preiswerte Opfer, der Vorwand, das Schmuckstück zu sein, der Heilige zum Anfassen, ausgestellt für das Publikum sogar an seinem Geburtstag, der zu seinem Pech noch gleichzeitig der Tag des Mauerfalls und der Synagogenbrände und des Hitlerschen Putsches war –

Die ganze gnadenlose Groteske inszeniert am eigentlichen deutschen Feier- und Schreckenstag 9. November, an dem der Einundsiebzigjährige neben den geschniegelten Jünglingen trotz seiner Krawatte und des guten Jacketts wie ein plötzlich ins Licht gehobener Obdachloser wirkte, überrascht und überwältigt von all dem Aufwand um ihn herum, schwitzend unter den Scheinwerfern wie unter den Worten, mit denen man ihn quälte, sich artig und hilflos für das Almosen bedankend –

Man wusste, wie er, zwar nach außen gefasst, aber innerlich oder nachträglich bebend, in solchen Situationen litt, weil er nicht leicht Nein sagen konnte und manchmal unbedacht seine Zusagen gegeben hatte, man wusste, wie allergisch er reagieren konnte, wenn er eingespannt werden sollte in solche Erwartungen –

Und obwohl ich nichts von ihm erwartete und erhoffte außer dem, was er mir bereits gewährt hatte, das Motto und seine diskrete Zuneigung, hütete ich mich, ein Gespräch über mein Projekt anzufangen und auch nur andeutungsweise etwas anzusprechen, was an sein Lebensthema rührte und ihn zu Antworten nötigen könnte –

Es musste wirklich nicht alles, was irgendwie mit Nazis und Juden zu tun hatte, bei ihm abgeladen, ihm zur Zustimmung oder Kritik oder Kenntnisnahme vorgelegt, zur Kommentierung oder gar zur Konversation angeboten werden –

Jeden anderen Bekannten konnte ich beeindrucken, wenn ich von der List dieses Berliner Arztes erzählte, seinen berühmtesten Patienten Rudolf Heß an sich zu binden und auszuhorchen, jeden meiner näheren und weiteren Freunde konnte ich neugierig machen auf die unbekannte Geschichte und die Taten der Widerstandsgruppe von etwa vierzig Menschen, die, anders als die Widerständler des Militärs und der Kommunisten, von Anfang an europäisch denkend sich 1943 E.U., Europäische Union genannt hatte –

Aber jetzt in der Jenaer Fußgängerzone sagte mein Gespür, davon besser zu schweigen, einfach aus Respekt vor K. und seinen Erfahrungen, und auch nicht mit der Nebensache anzufangen, mit dem Vergessen dieser wenigen anständigen Menschen, die in der DDR als bürgerlich, im Westen als kommunistisch abgetan und mit Missachtung gestraft wurden –

Für das Buch über Nazirichter und Naziopfer und Widerstand brauchte ich seinen Segen nicht, und da wir uns länger als zehn Jahre kannten, musste ich ihm auch nicht beweisen, dass ich als jüngerer Deutscher anders dachte als die Masse der vorigen Generation, brauchte ich auch kein wie immer formuliertes Ego-te-absolvo von ihm, Ehre und Auftrag waren doch deutlich genug –

Deshalb wurde der Vorsatz immer klarer: Bevor ich etwas Idiotisches sage und mir sein Wohlwollen verscherze oder ihm aus lauter politischer Gefallsucht oder aus deutschen Rechtfertigungsreflexen heraus mein Thema aufhalse, sag ich lieber nichts –

Und K. schien nichts gegen eine kleine Gesprächspause zu haben, auch mich störte das Schweigen nicht, ich schwieg oft und gern aus verschiedenen Gründen, aber auch ungern und verlegen oder beschämt aus verschiedenen Gründen, und wie ich ihn von Lektüren oder Begegnungen her kannte, gab es keinen Zweifel, dass er lieber schwieg als mit unzulänglichen Wörtern sich zu bequemen oder ins Beliebige hineinzuplappern, also die Kunst des bewussten und aktiven Schweigens weit besser verstand als ich –

Schwierig wäre es gewesen, mitten in der Jenaer Fußgängerzone über die gerade erwähnte Passage seines Buches zu reden, die mir und vielleicht auch ihm noch im Kopf hing und aus der ich das Motto schneiden wollte, über das Unerklärliche des Guten –

Ein Motto, das mir nicht nur für mein Projekt willkommen war, sondern auch als Provokation, eine Spitze gegen das selbstgefällige meinungsjournalistische Abwerten und Denunzieren nichtegoistisch argumentierender, nachdenklicher und vielleicht manchmal naiver Leute als Gutmenschen, was zu einer allseits beliebten Übung des Lächerlichmachens geworden war, mit der man sich unbequemes Denken ersparte und die andern, die über ihr Eigeninteresse hinauszudenken versuchten und auf Regeln demokratischer Zivilität bestanden, mit feinem feuilletonistischen Geflatter der Verachtung traktierte –

Noch schwieriger zu reden über die in seinem Text sich steigernde Argumentation zum Gewöhnlichen und Vernünftigen des Bösen und, noch schwieriger, über das Sensationelle des Guten, das traute ich mir noch viel weniger zu, jedenfalls nicht an einem späten Vormittag beim Gehen zwischen Billigkleidern und amerikanischen Kaffee-Shops, und dann mit diesem Mann, der schon so viel darüber nachgedacht und geschrieben hatte –

Wir spazierten ja nicht gemächlich zu zweit durch einen Wald (wie er oder seine Ichfigur mit dem tumben Philosophieprofessor im «Kaddisch»-Roman) mit entspannenden Schritten auf kühnen Gedankenwegen im dialogischen Takt, wir schlenderten nicht auf einer Seepromenade entlang, von der Gleichgültigkeit des Horizonts angeregt zu steilen Thesen auf der bequemen Seite der Welt, wir saßen nicht in Sesseln beim Wein und konzentrierter Plauderei zusammen, nur bei solchen Gelegenheiten hätte ich das Unerhörte jenes Zitats vielleicht anzusprechen gewagt –

Auch K., meinte ich ihm anzusehen, wäre gewiss lieber in einem Wald gelaufen als hier, an den betonierten, steinigen, gläsernen Kulissen entlang, in einer fremden Stadt zwischen Schaufenstern, Läden, Gaststätten und trägen Passanten, wo wir mit eher langsamen als schnellen Schritten immer noch dem Sekretär folgten, der sich an jeder Wegbiegung umsah nach uns wie nach einer Mitarbeiterin, die sich um die halbwegs geordnete Vorwärtsbewegung der weiter hinten Laufenden kümmerte –

Obwohl mir unser Schweigen einverständig schien, musste ich mir vorsorglich für die nächsten Minuten ein passendes Gesprächsthema einfallen lassen, auf Konversation waren wir beide nicht aus, und auf den alles beherrschenden, einschüchternden und mit zu viel Spektakel aufgepumpten Preis mochte er schon gar nicht angesprochen werden, wie ich in Schillers Arbeitszimmer beobachtet hatte, als ihn ein Kollege mit einer ungeschickten Frage belästigte –

Über Schiller könnte man sprechen, dachte ich, Schillers Sprache, Schillers messerscharfe Sätze, Schillers geschmeidiges, kräftiges Deutsch, seinen Idealismus, der vielgeschmähte Schiller müsste mal ordentlich rehabilitiert werden, hatte ich oft gedacht, vor allem seine «Ästhetische Erziehung des Menschen», aber dafür war ich nicht kompetent genug, und für K. wäre das viel zu weit hergeholt auf dem Fußgängerzonenweg zum Mittagessen –

Seine Ruhe, dachte ich, wie ich so neben ihm herlief, sein freundlicher Blick, sein Lächeln, was für ein Kontrast zu der Tirade, der wütenden Entschiedenheit, mit der er in seinem schmalen «Kaddisch»-Roman nach den Worten, die ich als Zitat verkürzen wollte, von der Rationalität und damit von der Langweiligkeit des Bösen gesprochen hatte –

Mit kreisender sprachlicher Erregung hatte er seine Ich-Figur schimpfen lassen auf das publizistische

Scheinwerferlicht für Führergestalten, Diktatoren, Generäle, Kommandanten, all die höheren und niederen, die toten oder den Ruhestand feiernden Mörder, die man mit Büchern, Filmen, Debatten mehr beachtete als nötig, sie damit stets aufs Neue auf Sockel hob, aufblies, mit Geheimnissen, Aura und Spitzenplätzen auf Bestsellerlisten krönte –

Dazu das fortlaufende und selbstverständlich gewordene Ärgernis, wie man überall neben die umrühmten Finsterlinge der Vergangenheit auch die banalen Mörder sowie die Serienmörder, Massenmörder und blutrünstigen Singulärschufte mit Zeitungsseiten, Filmen, Büchern ins Licht der Aufmerksamkeit rückte, als seien die, die töten, die letzten Helden, oder als stünden die Leute, die das Leben so sehr verachten, dass sie es anderen nehmen im Namen einer idiotischen Hassidee, einer schäbigen Phantasie, einem kindischen Ärger oder einer lächerlichen Machtbesessenheit, unter besonderem Schutz und medialem Segen –

Motive und Ausführung solcher Töterei wiederholten sich ständig, deshalb konnte auch ich nicht verstehen, warum man am laufenden Band neue Mörder erfand und immer raffinierteres Umbringen, warum die Zuschauer fasziniert blieben von den Tätern, die es in der permanenten Olympiade der banalen Bestialität und Grausamkeit auf die vorderen Plätze geschafft hatten, warum man so krankhaft neugierig sein konnte auf Einzelheiten der Tatverläufe –

Ob reale Taten oder erfundene Taten, die Erklärungsmuster waren simpel, hatte K. ungefähr geschrieben, und dennoch wurden sie als attraktivste Volksbelustigung begehrt und geliefert, zur angeblichen Unterhaltung, Abschreckung und Seelenreinigung von den Leinwänden und Bildschirmen fast rund um die Uhr in die Hirne geschüttet und mit Quotenjubel gefeiert, ein riesiges Geschäftsfeld der Multiplizierung von Mord und Totschlag auf allen Projektoren, Druckmaschinen und Datenautobahnen war das sogenannte Böse geworden –

So hätte ich K. gern gefragt nach seiner Meinung zu dieser «Industrie der Verbrechensausschlachtung, die hundertmal größer ist als die Kriminalität selbst», wie ein kluger Mensch irgendwo geschrieben hatte, und warum solche Serienfertigungen gerade im Land der ehemaligen Mörder und Massenmörder, die es in sechs Jahren auf sechzig Millionen Opfer gebracht hatten, diese anhaltende Hochkonjunktur erlebten –

Und mit ihm diskutiert, warum dies Thema gerade hierzulande zu einer Glaubensfrage wurde, warum es den unerschütterlichen Glauben gab, das Publikum wolle seinen täglichen Mord und mindestens eine Leiche pro Stunde, warum überall der Anschein erweckt wurde, an jeder Ecke der Welt, in jeder Kleinstadt und jedem Dorf werde ständig gemordet, obwohl es in unseren Breiten statistisch immer weniger Morde gab, und warum man endlos neue Mörder und Totschläger erfand für die Hauptrolle des glorreichen Bösen mit dazugehöriger tüchtiger Kommissarin oder sonstigen Kämpfern gegen die kleinen Verbrechen und mit Alles-wird-gut-, Alles-wird-aufgeklärt-Lösungen nach hundertneunzig Seiten oder achtundfünfzig Minuten –

Eine ältere Radfahrerin bremste, sehr nah neben uns, auch wir hielten kurz an, wichen ihr aus, bevor wir weitergingen –

Selten denkt man so intensiv, so kühn und locker wie beim Gehen, heißt es, beim Schwung der Beine, im Rhythmus der Schritte, bei Bewegung in frischer Luft sei das Gehirn entspannter, besser durchblutet und filtere die Sinneseindrücke feiner als sonst, behaupten Wissenschaftler, und deshalb war ich so verwegen in diesen Gedankenminuten, auch noch K.s Schweigen zu deuten und mir einzubilden, dass er mit seinen Assoziationen vielleicht ähnlich wie ich bei den vorher nur ansatzweise angesprochenen Passagen seines Buchs hängengeblieben sein könnte –

Wo er seine aus vielfacher, härtester Erfahrung gewonnene Erkenntnis «für das Böse gibt es immer eine vernünftige Erklärung» niedergeschrieben und die Erklärungen Punkt für Punkt kurzerhand selbst benannt und aufgezählt und die meisten Täter als rationale Wesen bezeichnet hatte, deren Taten sich ableiten ließen wie mathematische Formeln, bevor er seine Geschichte und seine Beispiele vom wirklich Irrationalen, vom tatsächlich Unerklärbaren, vom Guten ausgebreitet hatte, «das Böse ist gegeben, um das Gute muss man kämpfen» –

(Ein immer wieder ins Triviale abgleitendes Thema, denke ich jetzt beim Nachschreiben unseres Jenaer Nichtgesprächs, aber K.s Reflexionen über Gut und Böse waren weder von schlapper Theologie noch von schlappem Zynismus verbogen, er machte nicht den Fehler, das Gute mit dem absolut Guten zu verwechseln und an edle Menschen zu glauben, es ging ihm nur darum, «dass im Leben, dessen Prinzip das Böse ist, das Gute getan werden kann», und um die Leistung, sich einem oder ein paar Mitmenschen gegenüber anständig, hilfsbereit zu verhalten ohne Rücksicht auf das Fortkommen, auf das eigene Leben –

Einmal auf dieser Spur, beim nachträglichen Verdeutlichen meiner halbgedachten Fußgängerzonengedanken, fand ich eine Stelle im «Galeerentagebuch», noch einmal dreißig Jahre vor «Kaddisch» notiert: «Der alte Mythos, demzufolge der Mörder Rebell ist, stimmt – zumindest heutzutage – nicht. Ich meine, heute ist eher der Rebell, der ohne Mord lebt, als der, der mordet: Hierin besteht gerade die Eigenart dieser Epoche ... Mir jedenfalls scheint die wirklich zeitgemäße Revolte am ehesten die Revolte der Nachsicht zu sein» –

Ein Gedanke, der eine kopernikanische Wende für die sonst so flachen Moraldebatten hätte werden können, wenn er von andern Denkern bemerkt, diskutiert, verbreitet worden wäre, ein immer noch unentdeckter Gedanke, der bei K. des Öfteren vorkommt, mal philosophisch begründet wird, mal hingeschleudert wie im «Kaddisch» mit aller angestauten Wut gegen die Bequemdenker, die Begriffszufriedenen, die Klischeemaler mit ihrem Kult um die Gangster –)

Auch über die Erotik des Bösen, die Infantilität der Bösen, die Monotonie der Bosheit, die Verliebtheit in Katastrophen, die Anbetungen des Todes hätten wir unter idealen Umständen ein Gespräch versuchen können, nichts davon passte zu unserm Gang, nichts davon ließ sich zu einem einladenden Satz formen und zuspitzen, ich sagte nichts –

Er sagte nichts, wirkte aber sehr konzentriert, als höre er in die Ferne hinein, und ging einfach neben mir weiter in die Richtung, die uns vorgegeben wurde, und es war nicht nur unser komplexes Thema, das zu verfolgen und zu vertiefen absurd gewesen wäre in der Mittagsgeschäftigkeit einer langweiligen Geschäftsstraße zwischen Drogerieartikeln und einem Restaurant, über dem in griechisch stilisierten Buchstaben der Name «Herkules» prangte –

K. schwieg, so schien es mir, vor allem aus anderen Gründen, und es dauerte noch viele lange Sekunden, bis ich endlich begriff, dass er gar nicht reden wollte, dass er eine Pause brauchte, weil alle ständig mit ihm reden wollten und weil er, sobald er sich außerhalb seines engsten Freundeskreises bewegte, befürchten musste, immer wieder über die gleichen Themen und zu Fragen und Folgen der Naziverbrechen etwas sagen zu müssen –

Wie vielen Gesprächen mit und ohne Mikrophon hatte er sich nicht entziehen wollen und können, aus welchen Gründen auch immer, wie oft hatte er die Rolle gespielt, die er nicht spielen mochte bereits vor der Explosion seines Ruhmes, wie oft hatte er in dem letzten halben Jahr der Höflichkeit gehorcht und nicht Nein gesagt, das wusste ich alles nicht, das ahnte ich nur und begriff es allmählich, als sein Wunsch nach einverständigem Schweigen nicht mehr zu übersehen, nicht mehr zu überhören war –

Für ihn, das lernte ich so langsam, war das Schweigen keine Schande und nicht einmal peinlich, es konnte auch ein Zeichen von Aufrichtigkeit sein, eine aktive, zugewandte Haltung des Zuhörens, Hinschauens, Mitdenkens, die zugleich Nähe und Distanz ausdrücken konnte, und in diesen Momenten, so scheint es mir jetzt beim Sezieren und Beschreiben der Jenaer Minuten, demonstrierte er mit seinem Schweigen des Zuhörens, Hinschauens, Mitdenkens auch, nicht angeschwatzt oder vollgeschwatzt werden zu wollen –

Denn wenn er lebhaftere, bessere Gesprächspartner hätte haben wollen und meiner Nähe und der schwer zu messenden, allmählich vielleicht unhöflich langen Stummheit überdrüssig gewesen wäre, hätte er mich jederzeit ersetzen und beim Gehen langsamer werden und sich zurückfallen lassen können, bis jemand anderer aus dem hinter uns gehenden Pulk sich an seine Seite geschoben und ihm, dem allseits Beliebten und Verehrten, Abwechslung geboten hätte, an witzigen und klugen Menschen fehlte es in unserer kleinen Gruppe nicht –

Darauf schien er nicht zu warten, er drehte sich nicht einmal um, als wolle er vermeiden, jemanden zu sich zu locken, und nun erkannte ich langsam, dass er mich wahrscheinlich schon länger, vielleicht seit Jahren, vielleicht eben erst in Schillers Garten als Schweiger, Zögernden, Nicht- oder Wenigredner erkannt, durchschaut und zum Begleiter gewählt hatte, um selber besser schweigen und zögern zu können und wenig reden zu müssen, wenigstens während unseres kurzen Ganges, als hätte er mich als Schutz und Bodyguard, als Konversationsverhinderer, Platitudenvertreiber und Schweigeassistent für die Strecke bis zum «Schwarzen Bären» engagiert –

Für eine kurze Zeit, würde ich heute behaupten, teilten wir die diebische Freude an wortloser Verständigung, diese Nähe, die zugleich Distanz bedeutete, dies beredte Schweigen schien uns beiden zu gefallen, es weitete den Raum, es hätte sogar ein ausholendes Erzählen ermöglicht, doch da wir beide keine ausholenden Gesprächserzähler waren, sprach nur das Schweigen zwischen uns –

In der Abwesenheit von Wörtern war die Anwesenheit einer besonderen Aufmerksamkeit, eines aufmerksamen Schweigens zu spüren, vielleicht auch eines ähnlichen Denkens, was natürlich ein Gedanke der Anmaßung war, auch ich war kein Gedankenleser, Gedanken ließen sich bekanntlich niemals lesen, ich wollte mir jedenfalls einbilden, eine seltene Einstimmigkeit zwischen uns zu bemerken –

Wenn ich weniger Respekt vor K. gehabt hätte, wäre es mir leichter gefallen, nach einer Weile des Auskostens diese Freude auch zu zeigen, und wenn ich überdies weniger schüchtern gewesen wäre, hätte ich die Situation mit einer Pointe auflösen und mit ihm über die gelungene Übung im Sprachkurs Schweigen für Fortgeschrittene vermutlich sogar lachen können –

Immerhin hatte ich nun meine ehrenvolle Rolle neben ihm halbwegs verstanden, auch die höhere Komik daran, den lustigen Widerspruch zwischen der anstrengenden, trotz aller Klarsicht des Augenblicks nicht nachlassenden Überlegung, vielleicht doch das einvernehmliche Schweigen zu beenden und der gefühlten Verpflichtung, als Deutscher den Gast, als Jüngerer den Älteren, als Nazikind das Naziopfer bei Laune zu halten und gleichzeitig das Gebot zu beachten, Banalitäten und Konversationssätze zu vermeiden –

Dies Gebot war mir so selbstverständlich geworden, dass ich es nicht mehr als Gebot betrachtete, so wenig wie das Gebot zu atmen, und selbstverständlich war es vor allem dann, wenn ich mich in einem Haufen von Autoren bewegte, wo das Misstrauen gegenüber vorgegebenen Worten, gegen Floskeln, Phrasen und Platitüden zum Berufsbild gehörte, ein lustvolles Misstrauen, das man gern auch am Frühstückstisch oder bei Plaudergängen zeigte –

In diesen Momenten in der uns gleichgültigen Fußgängerzonenwelt wurde mir das wieder bewusst, unruhig gehend neben einem der großen Meister in der Disziplin des konstruktiven Misstrauens gegenüber der Sprache, neben einem Autor, der in dieser Hinsicht ein Vorbild geworden war –

Niemand hatte die produktive Skepsis gegenüber der fertigen Sprache so klar und radikal ausgedrückt wie er in einem Satz, den ich manchmal für mich selbst zitierte und der in der obersten Schublade meines Gedächtnisses lag, selbst hier beim Gang durch die Innenstadt: «Vielleicht macht nicht irgendeine Begabung den Menschen zum Schriftsteller, sondern die Tatsache, dass er die Sprache und die fertigen Begriffe nicht akzeptiert», ein Satz, gefunden vor acht Jahren im ersten seiner Tagebuchbücher, das er mir damals «in Freundschaft, mit Respekt» signiert hatte, obwohl das Wort Freundschaft für unsere gelegentlichen Begegnungen und kurzen Gespräche maßlos übertrieben war –

Den Satz über die Ablehnung der fertigen Begriffe zitierte ich oft, weil er mir, ohne Übertreibung gesagt, aus der Seele gesprochen war, er traf überraschend genau mein Selbstempfinden seit den ersten tolpatschigen Gedichtversuchen bis zum heutigen Tage, vielleicht schon seit der Kindheit, seit ich unter der Sprache der Bibel und der Choräle stumm geworden war und mich dieser Stummheit und Verstümmelung schämte, ein Satz, den ich allen, die an mir herumrätselten und herumzweifelten, als Erklärung meiner Person oder meines Lebens hinhalten konnte –

Ein Gedanke, den er fortsetzt mit dem Eingeständnis der Dummheit, am Anfang seien wir Schreiber einfach nur dumm, dümmer als die andern, die gleich alles verstehen, und schrieben dann gegen die Dummheit, gegen die festen Begriffe und Bilder an –

Ein Schlüsselsatz, der meine längst in Fleisch und Blut übergegangene, wie man in der fertigen Sprache sagt, Abwehr gegen Sprüche, Binsenweisheiten, Gemeinplätze, Formeln und abgenutzte Wörter begründete und auch mir selber meinen Widerspruchsgeist gegen die Sprache der Autoritäten und Mächtigen verständlich machte, zumeist gegen Männer und mächtige Männer, seien sie Götter, Väter, Wirtschaftsbosse und schlimmere Diktatoren, Minister, Kanzler, Nazis, Befehlsmenschen, Linksdogmatiker, Ideologen und Päpste aller Kirchen, Parteien und Interessengruppen einschließlich der Literaturpäpste –

Es war mir zum Programm geworden, und eine andere Begabung hatte ich in der Tat nicht, fertige Begriffe und Formeln der Beschönigung in Frage zu stellen und die Wortfolgen, die von Kanzeln und Kathedern, von Pressesprechern und Amtsträgern, von Marktschreiern und Marketingknechten in die Welt gestreut wurden in allen möglichen Lautstärken, aufzuspüren, zu prüfen und fast immer zu verwerfen, zu unterlaufen und zu verlachen, mit Witz und Kalauern auseinanderzunehmen, zu parodieren oder zu ignorieren, das gehörte zur Vorarbeit bei allem Reden und Schreiben –

Obwohl K.s Satz auf unser einvernehmliches Schweigen zu passen, es sogar zu rechtfertigen schien, vertrieb er meine innere Ungeduld nicht, Schweigeminuten sind längere Minuten als Redeminuten, egal, was die Uhren zeigen, ich sah mich weiterhin in der Pflicht und dachte: selbst wenn er erleichtert ist, neben dir gehend schweigen zu dürfen, müsstest du allmählich mal wieder was sagen, aber was –

Genau diesen Satz zitieren, zum Beispiel, oder sogar kommentieren, um damit unsere stille Übereinkunft, von der ich nicht wusste, ob sie ihm weniger oder mehr bewusst war als mir, zu benennen und zu bekräftigen, doch das schien mir in der nächsten Denksekunde gleich wieder zu anschmeichlerisch, irgendetwas sträubte sich in mir, die wuchtigen Worte des mir so wichtigen Satzes seinem Urheber auswendig gelernt aufzusagen wie ein Schüler –

Drei oder vier Minuten vielleicht, länger nicht, waren wir Komplizen des Schweigens gewesen, nun hielten wir auf dem Platz vor dem Rathaus an, weil der Sekretär vor uns angehalten hatte und auf das Näherkommen der anderen hinter uns wartete, wir schauten auf ein Erdgeschoss mit mittelalterlicher Feldsteinfassade und einen später aufgepflanzten Turm mit auffälliger Turmuhr –

Ich fand an dem bescheidenen Gebäude nichts zu entdecken, was genauere Blicke oder weitere Nachfragen gefordert hätte, ich war viel zu sehr mit unserem stummen Dialog beschäftigt und horchte erst auf, als der Sekretär an K. die Frage stellte, ob er bei seinen früheren Besuchen in der DDR und in Weimar auch hier in Jena gewesen sei, was er lustlos verneinte –

Die Frage störte das Gleichgewicht in unserm, wie ich hoffte, einverständigen Schweigen, und sie ärgerte mich, weil sie ungeschickt gestellt war und K. zurückstieß in das Erinnerungsgelände Weimar und Buchenwald, zurück in seine ambivalente Rolle, und sie ärgerte mich, weil nach diesem Einwurf die Gelegenheit vorbei war, mit dem Zitat über das Nichtakzeptieren der Sprache und Begriffe das Gespräch wieder zu beleben –

Statt beherzt das Wort zu ergreifen, wie man naiv sagte, als sei das Wort eine Gabel oder ein Treppengeländer, hatte ich mich wieder einmal kindisch schüchtern verhalten wie der Schüler, der die richtige Antwort weiß und allein aus Scheu vor dem Auffallen, vor dem Heben des Armes oder vor dem jederzeit möglichen Irrtum auf Lob und Anerkennung verzichtet und sich, wenn statt seiner ein anderer Schüler mit seinem Wissen glänzt oder mit Unwissen blamiert, für diese Scheu, für sein falsches Warten am Ende mehr schämt und hasst als vorher –

Ich hasste mich nicht mehr wie einst, ich schämte mich auch nicht, hatte mich damit abzufinden, kein redegewandter, erzählfreudiger Erwachsener mit präziser Zitaterinnerung zu sein –

Aber welch guten Eindruck hätte ich machen können, denke ich nachträglich beim Aufschreiben, wenn mir in dieser Situation vor dem Rathaus gleich nach der Frage des Sekretärs die großartige Beobachtung aus dem «Galeerentagebuch» eingefallen wäre, wenn ich ihn darauf angesprochen und nach dem Lächeln gefragt hätte, nach dem demütigen, in sich gekehrten, stumpfen Verhalten der von ihm im Jahr 1980 beobachteten Menschen in Dresden, Weimar und Ostberlin, denen jedes Lächeln von Fremden suspekt war –

Das hatte er auf zwei Seiten präzise beschrieben, wie die Leute, denen er auf der Straße, in Geschäften und Gaststätten begegnete, erstarrt und gedemütigt, auf sein Lächeln und auf einfache, für ihn selbstverständliche Gesten der Höflichkeit nur verblüfft oder aggressiv reagiert hätten, als könnten sie einfach nicht glauben, dass zwischen Mensch und Mensch noch Menschlichkeit möglich sei –

Wie ergiebig hätte es sein können, ihn zu fragen nach seinem Eindruck von den heutigen Reaktionen auf solches Lächeln und auf Höflichkeit in Jena oder Berlin dreizehn Jahre nach dem Fall der Mauern und Grenzen in einer nun anderen Epoche der spürbaren Verwandlungen –

Ein scharfer, unbestechlicher Beobachter wie er hätte in jedem Gespräch über die Annäherungen von Ost und West glänzen können, über Konflikte und Enttäuschungen, Komödien und Dramen und lächerliche Missverständnisse zwischen den lange getrennten Deutschen, das Thema war rund um die Uhr gefragt bei Talkrunden, auf Tagungen, vor Mikrophonen und an allen Couchtischen, Studiotischen und Esstischen –

Achtzig Millionen Deutsche redeten ständig übereinander und mehr oder weniger miteinander mit immer fester gefügten Meinungen, wie es schien, nur selten kamen distanziertere, selbstkritische Beobachter zu Wort, doch niemand, würde ich kühn behaupten, redete über die seltene Fähigkeit der Deutschen gleich welcher Wohnsitze und Himmelsrichtungen, die Fähigkeit zu lächeln, zugewandt und gelassen zu bleiben, über die Fertigkeit der kritischen Einfühlung, geschweige denn über die Freiheit zur Höflichkeit oder das mögliche Aussterben der Höflichkeit, auch ich nicht –

Hier war der Experte für das Deuten von Gesichtern, für das Lächeln und Nichtlächeln, und ging unerkannt unter seinem Hut zwischen Passanten, Fahrrädern, Kinderwagen auf schmalen Wegen neben mir über den Markt, wir warfen nur flüchtige Blicke auf die Marktstände und die frisch renovierten Häuser, die ein gefälliges Altstadtbild abgaben, das wir nun doch mit der einen oder anderen gleichgültigen Bemerkung kommentierten –

So gleichgültig wären wir gewiss nicht durch Berlin oder Budapest gelaufen, überlege ich heute, was hätte ich ihm in Berlin, was hätte K. mir in seiner Stadt gezeigt, worauf mich hingewiesen, welche Ecken empfohlen, mit welchen stadtbekannten Geheimnissen dem Fremden imponiert –

Die Chance, mit ihm durch Budapest zu gehen und mir von ihm etwas zur Geschichte oder zu seiner Geschichte erzählen zu lassen oder ihn wenigstens in einem von ihm empfohlenen, noch nicht von Touristen belagerten Kaffeehaus zu treffen, hatte ich wohl verpasst, denn inzwischen war er mit seiner zweiten Ehefrau öfter in Berlin, wo wir uns hin und wieder, zumeist flüchtig und von ferne sahen –

Anders in den frühen neunziger Jahren, noch vor dem ersten Schub seines Ruhmes, als er mich eingeladen hatte, nach Budapest zu fahren und ihn zu besuchen, in meinem Adressbuch standen immer noch seine alte Adresse, die Telefonnummer und der Name seiner verstorbenen ersten Ehefrau, aber in den langen, turbulenten neunziger Jahren hatte ich ihn weder angerufen noch besucht, ihm nicht einmal geschrieben, ich war zu sehr beschäftigt gewesen mit Kindern, Krankheiten, privaten Konflikten, Trennungen, neuen Liebesversuchen, Termingehechel, Gremiensitzungen und dem festen Vorsatz, meine Arbeit gegen alle Widerstände voranzubringen, außerdem, denke ich heute, war ich immer unsicher gewesen, ob er wirklich an einem Besuch, gar an Gesprächen mit mir interessiert war und die Einladung 1993 vielleicht nur aus Höflichkeit ausgesprochen hatte –

Mit dem Sekretär und den anderen hielten wir vor einem Denkmal an, ein Herrscher stand da mit geschwellter Brust und langem Lockenhaar, Johann Friedrich der Großmütige, K. fragte mich, was ich über den Mann wusste, vielleicht wollte er nur etwas reden, bei gleichgültigen Stadtbesichtigungsvokabeln bleiben, vielleicht war er wirklich neugierig, es könnte ihn interessiert haben, was hier mit dem Wort großmütig gemeint war, welchen Deutschen die Deutschen als einen Großmütigen ehrten und auf einen Sockel stellten, die Tugend des Großmuts war und ist in Deutschland ja eher unterentwickelt, aber ich wusste nichts, und der Sekretär, der nicht als Stadtführer von Jena ausgebildet war, auch nicht –

Steil ragte ein Schwert auf in seiner Rechten, mit der Linken hielt er ein dickes Buch, die Bibel, hier wurde der Gründer der Universität gewürdigt, lasen wir auf dem Sockel, aber warum mit einem so riesigen, schmalen, beinah speerartigen Schwert, fast so lang wie der ganze Kurfürst, warum ein Großmütiger mit einer solchen Waffe, wir kannten Jenas Geschichte zu wenig, und um dieser Verlegenheit zu entkommen, hätte man darüber jetzt witzeln oder disputieren können, Stichwaffe und Stichworte, Macht und Bildung, Krieg und Gelehrsamkeit, doch wir mussten uns nicht gegenseitig beweisen, wie gescheit wir hätten parlieren können, wenn wir nur wollten, und zogen rasch weiter –

Außerdem war alles, was an das Thema Krieg rührte, heikel geworden, seit einigen Wochen lief ein besonders umstrittener, auch nach meiner Meinung unnötiger, verlogener und die Debatten vergiftender Krieg auf unseren Bildschirmen fern im Irak, angezettelt vom amerikanischen Präsidenten und seinen Beratern, die in offensichtlicher strategischer Dummheit einen Krieg gegen den Terror verkündeten, der nur zu einer Förderung und Multiplizierung des Terrors führen konnte –

Und ich meinte, von irgendwem gehört zu haben, dass K. dazu eine andere Meinung hatte als ich, wer es erzählt hatte und wer es vielleicht von ihm selbst gehört hatte und wie der Wortlaut war oder ob ich es doch irgendwo gelesen hatte, war längst vergessen, es ging so schnell mit solchen Gerüchten über Meinungen und Sekundärmeinungen, mit Erklärungen und Gegenerklärungen und Nacherklärungen, mit schriftlicher und mündlicher Fingerzeigerei, mit absichtlichen oder fahrlässigen Fehldeutungen, die sich jemand aneignete und verbreitete aus Gründen der Profilierung oder der Parteilichkeitssucht oder der Bescheidwisserei –

Es lockte mich nicht, bei unglücklichem Gesprächsverlauf über Friedrich den Großmütigen und sein Schwert bei George W. Bush und seinen Bomben zu landen und in gegensätzliche Meinungen verstrickt zu werden zwischen den Jenaer Fachwerkfassaden, damit wollte ich mir die wenigen Minuten vom Marktplatz zum «Schwarzen Bären» nicht vergällen –

Denn dieser Krieg war erst sechs Wochen alt und so nah, dass er noch nicht zur Geschichte, zur Erzählung, zur Fiktion geworden war, sondern täglich die Nachrichten und die politischen Gespräche beherrschte, in meine Träume vordrang und in aller Welt Aufregung produzierte und gleichzeitig bei vielen ein Schweigen, ein ungutes, feiges, politisch motiviertes Verschweigen, besonders bei denen, die im März noch gesagt hatten, der Krieg werde so schlimm nicht werden, während er von Woche zu Woche schlimmer und schlimmer wurde und viel mehr vernichtete als Menschen und Gebäude und Kulturen, so viele Zivilisten, so viel von der stolzen babylonischen Vergangenheit zerfetzt durch die Sturheit der Bomben und Bombenwerfer und des irakischen Diktators –

Das Geschehen in Washington und das Geschehen rund um Bagdad betrafen uns nicht und betrafen uns doch, sogar im Jenaer Frieden, weil es alles politische Denken zurückwarf auf die Frage Richtig oder Falsch, auf den Diskurs der Vereinfachungen, man musste sich wehren gegen die Selbstverständlichkeit, mit der das Recht des Stärkeren sich über alle anderen Rechte hinwegsetzte, man musste sich wehren gegen Idioten, die jede Kritik an der US-amerikanischen Regierung als antiamerikanisch denunzierten –

Man musste sich wehren gegen Naive, die alles Militärische ablehnten, auch gegen Diktatoren und Folterstaaten, und ebenso gegen naive Militärs, die die Politik um mindestens fünfzig Jahre zurückwarfen und nicht einmal ihren Clausewitz gelesen hatten, der ihnen geraten hätte, erst einmal in Afghanistan zu siegen, wie ich ihnen mit schlaumeierischer Ironie unterstellte –

Die Bomben in Bagdad zwangen uns, Meinungen zu bilden und auszutauschen, obwohl wir wegen der zensierten und gezähmten, ins Kriegsgeschehen eingebetteten Journalisten, wie es neuerdings hieß, wahrscheinlich nur wenige Tatsachen kannten, und das Gezwungensein zu einem Standpunkt sowie dieser Standpunkt selbst, ob dafür oder dagegen, vergrößerten das Unbehagen an diesem Krieg noch weiter –

Der ebenso allgegenwärtig war wie die Frage, wer wen täuschte, wer wen belog, und so allgegenwärtig wie die gesteigerte Neigung zum Misstrauen, zur Verachtung, zum Hass auf die jeweils anderen Standpunkte, ein Krieg auch gegen uns selbst, gegen die immer wieder mühsam erkämpfte westliche Zivilität –

Außerdem veränderten solche Meinungsgefechte nichts, wie schon der Mann geschrieben hat, der einst mit Schiller im Garten am Steintisch gesessen hatte, «das Liebste, das ein jeder hat, sind seine Überzeugungen», deshalb nütze der Meinungsstreit nichts, er bringe den tätigen, denkenden Menschen nur aus dem Gleichgewicht, wenn man einmal wisse, worauf alles ankommt, brauche man nicht mehr gesprächig zu sein –

Nein, mit einem wie K. über politische, aktuelle, schnell vergängliche Meinungen zu streiten, das schien mir eine unnütze kommunikative Übung, das ersparte ich mir, das schien mir unproduktiv, man muss einem Verehrten auch widersprechen, und ich war mit manchem nicht einverstanden, was er äußerte, war kein folgsamer Schüler und wollte es nicht sein, ich schätzte ihn vor allem als Stilisten, als Verfechter einer radikalen, der Wahrheit verpflichteten Ästhetik, als unermüdlichen Selbstbefrager und dissidentischen Geist –

Aber sein harscher Pessimismus ging mir manchmal zu weit, sein oft sehr pauschaler Argwohn gegenüber der Masse Mensch, die Rigorosität mancher seiner Meinungen über den liberalen Westen oder über ihm ferner stehende Autoren, ich hatte jedoch zu wenig darüber nachgedacht, ob der schnellfertige Begriff Pessimismus auf K. überhaupt passte, vielleicht war es doch nichts anderes als der beharrliche Versuch, nichts zu beschönigen, das eigene Leben nicht zu glätten, die politischen Verhältnisse nicht zu beschmücken und die bitteren Erfahrungen und Gedanken im Blick zu behalten und nicht wegzusperren –

Der Weg mochte K. nun doch lästig geworden sein, er war offenbar kein Freund langer Spaziergänge mehr, er schien von einer diffusen Unruhe erfasst und ging langsamer, sein Hinken war nun deutlicher als vorher, andere überholten uns, und die frisch getünchte deutsche Altstadtatmosphäre, die auf dem Marktplatz, in der schmalen Greifgasse ohne Schaufenster und an einigen prächtig renovierten Fassaden der Schlossgasse suggeriert wurde, machte, so kam es mir vor, eher einen befremdlichen Eindruck auf ihn –

Noch zweimal um die Ecke, dann sind wir da, ermunterte ich ihn und spürte, dass es wieder an mir war, etwas mehr zu sagen, ihn abzulenken auf den letzten Metern, doch das Einzige, was mir in diesem Moment durch den Kopf ging, war der Name eines Mannes, den ich auf keinen Fall aussprechen wollte –

Die Fachwerkfassaden am Markt hatten die Erinnerung auf die Fachwerkhäuser in meiner Jugendstadt Korbach gelenkt, nicht weit von hier in Hessen, wo dieser Mann eine wichtige Rolle gespielt hatte auch für meine Entwicklung, ein Mann, der gleichzeitig eine zentrale Figur aus K.s Vergangenheit war –

Ein Name, der mir öfter einfiel, als mir lieb war, und der auch an diesem Tag, seit wir Schillers Garten verlassen hatten, aus den unteren Schichten des Bewusstseins aufgetaucht und wieder fortgesunken und bald wieder vorgedrungen war, der mal mehr, mal weniger leise meine Gedanken zu besetzen versucht hatte, der Name, der vielleicht ein zusätzlicher oder der tiefere Grund war für meine abwartende Schüchternheit und übertriebene Redevorsicht bei unserm Gang zum «Schwarzen Bären», der Name, der mich mehr als nötig schweigen ließ –

Der Name des Mannes, der vor sechzig, exakt vor neunundfünfzig Jahren den jungen K., als er fünfzehn war, in Budapest in den Güterwagen zum Transport ins Lager hatte treiben lassen, und bei dem ich, als ich sechzehn war, im Städtchen Korbach mein erstes Rasierwasser gekauft hatte –

Der gleiche Mann in so verschiedenen Rollen – vom Irrwitz dieser Verbindung, die ich nicht mit dem Wort Zufall banalisieren mochte, durfte ich ihm niemals erzählen, das hatte ich mir fest vorgenommen, und jetzt nach unserm, wie ich hoffte, einverständigen, dialogischen Schweigen erst recht nicht –

Dass der SS-Mann und Chef des «Judenkommandos», der die Gold- und Gelderpressungen der Budapester Juden und die Transporte für die Ermordung von vierhunderttausend ungarischen Juden organisierte, der SS-Obersturmbannführer und Stellvertreter Adolf Eichmanns, nach dem Krieg sogleich «entnazifiziert» und als Flüchtling aus dem Sudetenland sechzehn Jahre lang unbehelligt als Drogist in der hessischen Provinz gelebt hatte und geachtet war im Sportverein als Vorstand wie im Kreistag des Landkreises Waldeck als Abgeordneter des «Bundes der Heimatvertriebenen und Entrechteten» und Kreisobmann der sudetendeutschen Landsmannschaft –

Bis dank des Eichmann-Prozesses in Jerusalem die Wahrheit nach und nach ans Licht kam trotz aller Befangenheiten, Schlampereien und Verzögerungen der deutschen Justiz in den sechziger Jahren und er zuerst mit einem sehr milden, dann 1969 mit einem Urteil zu lebenslanger Haft bestraft wurde –

Und dass ich diesen Mörder, den ich seinen Mörder nennen könnte, wahrscheinlich «der Gestiefelte» im mittlerweile weltberühmten Roman, einen seiner Mörder, den die Budapester Juden den «höflichen Mörder» genannt hatten wegen der erpresserischen Scheinverhandlungen um Geld und Leben –

Als freundlichen Rasierwasserverkäufer und Vater der Freundin eines Freundes kannte, außerdem als lauten Eiferer gegen das an den heimatvertriebenen Deutschen begangene Unrecht, das war keine Geschichte zum Vorzeigen, zum Imponieren, keine Anekdote für munteres Geplauder, für das Füllen einer Gesprächspause –

Das konnte ich K. jetzt nicht erzählen nah den Eingängen zur Jenaer Universität, wo er später auftreten sollte, das konnte ich ihm niemals erzählen, ohne ihm Schmerz zuzufügen, den Schmerz des Hohns, den die deutsche Geschichte immer wieder ausstrahlt und austeilt, das wäre schlimmer als eine Ohrfeige, hier hatte ich wirklich zu schweigen, hier war Verschweigen gefordert –

Er hatte eine Überdosis an deutscher Unheilsgeschichte abbekommen, eine Überundüberundüberdosis, da musste man ihm nicht noch einen weiteren Schluck deutschen Irrsinns aufzwingen und sein Leid aufrühren und ihn mit seinen Erinnerungen wieder in den KZ-Abgrund stoßen, in die Opferrolle stecken, ihn dahin zurückwerfen, wo die Nazis ihn hingeworfen hatten, daran wollte ich mich nicht beteiligen, in diesem Abgrund wollte er sich nicht sehen, da wollte ich ihn nicht sehen –

Auch wenn ich gern erzählt hätte, wie sehr der Fall dieses Mannes und die elende Verharmlosung seiner Taten mein politisches Denken und Wittern geschärft hatten, auch wenn ich K. gern hätte wissen lassen, wie groß meine Empörung war über meinen Staat, die frühe Bundesrepublik, die so feige und schnöde die nicht als Mörder und Mordhelfer bezeichneten Mörder und Mordhelfer und die nicht als Verbrecher bezeichneten alten Verbrecher geschont hatte, auch wenn es richtig wäre, ihm von meinen Versuchen zu berichten, dies Thema gesprächsweise und in Büchern zum Thema zu machen und welche Scherereien und Prozesse, welchen Hohn und auch welche Anerkennung das eingetragen hatte –

Aber aus all dem könnte schnell ein angeberisches Unterfangen werden, die eitle Absicht durchscheinen, mit dem Vorzeigen eines und gerade dieses besonders verbrecherischen SS-Obersturmbannführers oder mit dem Auftischen der spärlichen politischen und kleinaufklärerischen Aktivitäten mich als guten Antinazi herauszuputzen, auch das wäre peinlich gewesen –

Also schwieg ich, obwohl Flüche, Klagen, Empörungen angebracht gewesen wären, doch die schluckte ich weg, ließ sie gar nicht erst aufkommen, fixiert auf den Namen des SS-Mannes, konnte ich plötzlich gar nichts mehr sagen, ich spürte, wie der verurteilte Mörder mein Denken nun völlig blockierte, wie er mich unfähig machte zu irgendeiner angemessenen Reaktion gegenüber dem Mann, der neben mir lief auf dem frischen Kopfsteinpflaster nahe der Schiller-Universität und diesem Mörder und seinen anderen Mördern entkommen und trotzdem ihr Opfer geblieben war –

Eine teuflische Situation, von der K. nichts ahnen konnte und in der auch die feinen Sprachen einverständigen Schweigens versagten, meine Gedanken schleppten den Namen, den ich nicht aussprechen wollte, mit sich herum, und es beruhigte mich nicht, dass der Name mittlerweile auf einem Grabstein auf dem Korbacher Friedhof zu lesen war, nicht weit entfernt vom Grab meiner Eltern –

Ihn endlich wegzuschieben ins Vergessen, ins vorläufige Vergessen, diesen Mörder mit dem Rasierwasser, gelang mir erst, als mir die Frage wieder einfiel, die ich mir als harmlose Frage lange aufgehoben hatte, als Reservefrage für verlegene Momente, eine zu banale Frage für den Berühmten, die ich ihm gern erspart hätte –

Aber um mich von dem SS-Mann im Kopf zu befreien, fragte ich nun doch, ob er immer noch rund um die Uhr mit den Nachwirkungen des großen Preises, mit Anfragen, Auftrittswünschen, Erwartungen beschäftigt, ob der Schock des Ruhms erträglicher geworden sei –

Die Formulierung Schock des Ruhms habe ich wahrscheinlich nicht verwendet, eher unbeholfene Worte, die ihm dennoch nicht ungelegen kamen, wie mir sein zugewandtes Gesicht verriet, wir waren langsamer geworden, in der Nähe des Hauptgebäudes der Universität schlenderten jetzt viele Studenten über die Pflastersteine der Bürgersteige, aber niemand schien den älteren Herrn mit Hut zu erkennen oder zu grüßen –

Nein, antwortete er, erst allmählich lasse das nach, alle Leute wollten etwas von ihm, er habe das Gefühl, immer weglaufen zu müssen vor zu viel Verehrung –

Er machte eine kurze Pause und zeigte dann ein verschmitztes Lächeln, weil ihm offenbar der Widerspruch zwischen seiner Aussage und den an ihm nicht interessierten Studenten und Passanten aufgefallen war, er änderte seinen Ton und meinte, es gebe natürlich auch schöne Auftritte wie im Berliner Wissenschaftskolleg mit seinen Freunden, vier Schriftstellern aus Ungarn, ein Abend im Dezember, an den auch ich mich gut erinnerte –

Am Fußgängerübergang an der vielbefahrenen Straße Fürstengraben hatten wir eine Weile zu warten, ein Bier-Lkw mit einem auffälligen Werbespruch auf der seitlichen Ladewand fuhr langsam vorbei, «Das Leben wird nicht leichter. Aber es wird immer besser belohnt: Wartburg-Pils», und nach zwei, drei Überraschungssekunden lachten wir auf, lachten uns an, ein kurzes, deutliches und diskretes Gelächter, das alles Schweigen übertönte und löschte –

Es lebe das Genie dieser Bierwerbetexter, dachte ich und deutete nach rechts, schräg gegenüber lag das Hotel, der Gasthof «Schwarzer Bär», ein Haus, das sich seiner langen Geschichte und seiner Gäste Luther, Goethe, Bismarck, Brandt und vieler anderer rühmte, es waren nur noch wenige Schritte, und sagte: Schon werden wir belohnt –

Ich spürte seine Erleichterung, am Ziel zu sein, und kurz bevor wir den Eingang erreichten, strahlte er mich noch einmal an auf seine bestürzend offene Weise, hielt inne und sagte mit seiner undurchschaubaren, mir fast peinlichen, aber wohltuenden, samtenen Höflichkeit: Sehen Sie, genau das ist es, jetzt würde ich gern mit Ihnen essen, aber schon wieder bin ich ein Ehrengast und muss neben Honoratioren sitzen –

Neben uns warteten schon unser Präsident und der Sekretär, um K. ins Allerheiligste des fünfhundertjährigen Gasthofs, in die Lutherstube zu führen, wo der Bürgermeister ein Ehrenessen für ihn gab und wo Luther einst mit seinen Verbündeten gestritten hatte bis zum Krach, und wir gaben uns, sofern ich mich richtig erinnere, nicht die Hand, als erwarteten wir, in Kürze wieder zusammenzutreffen –

Am Nachmittag in der Aula der Universität ein kurzer Vortrag K.s über das sichtbare und das nicht sichtbare Weimar, ich notierte seinen Satz: «Die Kunst jedoch ist nicht dazu da, einen Menschen zu verurteilen, sondern den Augenblick neu zu erschaffen» und sah ihn in der ersten Reihe mit seinem ehemaligen Mitgefangenen, den er nie zuvor getroffen hatte, dem spanisch-französischen Schriftsteller S., in einer Umarmung, die heute auf einem Foto besichtigt werden kann –

Und in K.s Tagebuchband «Letzte Einkehr» von 2013 festgehalten ist: «Gestern in Jena, ich las zusammen mit S. in der Aula der Universität. Was sich in diesem kurzen Satz resümieren lässt, ist so inhaltsreich, dass es mich zu Tränen rührte. Ich umarmte diesen schönen, weißhaarigen Mann mit den dunkel glühenden Augen, der mir spielerisch in den Arm boxte – vielleicht war auch er ein bisschen gerührt. Ist mein Leben nicht wunderbar?» –

Wunderbar, ganz so weit dachte ich nicht, als ich Stunden später im Hotel ein paar Stichworte über unsern Gang zum «Schwarzen Bären» und die wenigen Sätze von K. ins Notizbuch schrieb –

Den ungefähren Wortlaut festhalten, obwohl ich auch diesmal wieder misstrauisch blieb gegenüber meiner angeblichen Erinnerungsgenauigkeit, besser wäre es, überlegte ich, die ganze Situation, die verschiedenen Momente des Vormittags viel ausführlicher zu fassen, unser altmodisches Schweigen vor allem, irgendwann müsste mal jemand was schreiben über die Sprachen des Schweigens auf dem langen kurzen Jenaer Gang –

Wunderbar, so weit dachte ich vielleicht, als ich mit der Geliebten in Rom telefonierte, ohne den kurzen, noch kaum reflektierten und noch nicht nennenswerten Mittagsgang zu erwähnen, vier Wochen vor unserer Hochzeit hatten wir genügend anderes zu besprechen und zu beflöten, und ihr nur sagte, dass K. mir sehr freundlich sein Zitat als Motto überlassen habe –

Ich berichtete ihr, wie ich mich im Kreis der kundigen und klugen Frauen und Männer aus der Reihe der Dichter und Sprachkundler wohlfühlte, jedenfalls für zwei, drei Tage, weil sich hier kaum jemand eitel in den Mittelpunkt drängte und gockelte, wer hier aufgenommen war, hatte es nicht mehr nötig anzugeben oder Neid zu pflegen, alle schienen neugierig, witzig und freigebig im intellektuellen Austausch und gepflegten Tratsch, ein schöner Kontrast zum römischen Provinzialismus –

Man hatte uns in einem nagelneuen Hotel am Carl-Zeiss-Platz untergebracht, und was mich hier störte, war das geschniegelte Design in allen Räumen, das mir nun auch in meinem Zimmer auffiel, als sollte mit jedem Stück Edelholz, mit jeder Marmorfliese, mit jedem Wasserhahn noch einmal der Triumph über die untergegangene DDR mit ihrem ärmlichen, bescheidenen, kaputten Interieur gefeiert und die neue Überlegenheit bis in den letzten Winkel des Hauses demonstriert werden –

Es war Zeit zu schlafen, doch Farben, Stoffe, Teppiche rochen noch so verdächtig neu, als sollten sie rund um die Uhr beachtet und gewürdigt und nicht von den Schlafenden ignoriert werden, ich legte mich trotzdem hin, und beim Hinlegen genügte ein Blick zu den Schuhen auf dem Teppichboden neben dem Stuhl mit den Kleidern, die Schuhe ruhten von ihrer Arbeit aus, von den langen Wegen, und schon war ich wieder an K. erinnert, der gewiss längst von «Jena Paradies» nach Berlin zurückgekehrt war –

Es hatte etwas Tröstliches gehabt, neben K. zu gehen zehn Minuten oder eine knappe Viertelstunde lang, nicht nur seiner Liebenswürdigkeit wegen, vielleicht auch, weil er, und ich dachte zum ersten Mal dies obszöne Wort, ein Wiederauferstandener war, der seinen am Wannsee, in Berliner Büros und in Budapest geplanten und beschlossenen Tod hinter sich hatte und deshalb bewundert wurde und unter der Kehrseite solcher Auferstehung zu leiden hatte, dass jeder, der ihm begegnete, ergeben an seinen Lippen hing –

Den Augenblick neu schaffen, das war die Parole, darauf kam es an, wenn unser Gang einmal genauer aufgeschrieben werden sollte, auf nichts anderes, erst die Augenblicke dieser Viertelstunde sezieren und unter dein eigenes Zeiss-Mikroskop legen und dann neu erschaffen –

Mit dieser Forderung hatte K. am Nachmittag wie nebenbei einen brauchbaren Leitsatz für die Arbeit ausgegeben, und als ich diesen, im Bett liegend und gedankenwach, von mehreren Seiten prüfte, wurde mir klar, was ich zu tun hatte irgendwann –

Irgendwann wirst du diese Augenblicke neu erschaffen und erschreiben, und dann wird es egal sein, wie viele Minuten ihr wirklich durch Jena gelaufen seid, ob es drei oder sieben oder dreizehn oder dreißig Minuten gewesen sind, was ist schon wirklich, alles ist wirklich, dann wird es egal sein, ob Schiller hier mitgespielt hat oder sein Garten oder nicht und an welcher Straßenecke ihr gelacht habt, wenn es dir nur gelingt, die Modalitäten des Schweigens zu erfassen, die euch begleitet haben, und in Sprache zu bringen, was euch stumm werden ließ –

Ich lag bereits auf der Seite und hoffte einzuschlafen, im Zimmer roch der Teppichboden, rochen die Vorhänge nach der Chemie des Neuen, draußen waren keine Autos mehr zu hören, auch auf Schillers Insel müsste es jetzt ruhig sein, ich wünschte die Müdigkeit herbei, schickte die ermatteten Gedanken ins Grün des nun endlich von keinem Lärm mehr verwüsteten Gartens –

Und schloss die Augen, sah einige der Kolleginnen und Kollegen in kleinen Gruppen verteilt stehend oder schlendernd auf Schillers Kieswegen, sie ließen sich von der Idylle nicht täuschen, alle hier kannten den harten Wettstreit, den eher subtilen als lauten Verdrängungswettbewerb in den Künsten und Institutionen, deshalb genossen sie auf solch einer Tagung die allgemeine Kampfpause –

Nur K., so schien es mir im Dämmer des Vorschlafs, hatte zwischen den anderen als Außenseiter gestanden, und er war es selbst unter unseren Emigranten und verdienten Dissidenten, und ich versuchte, mich zu ermahnen: Du darfst ihn dir nicht aneignen, darfst ihn nicht vereinnahmen –

Wenn die Kunst nicht dazu da ist, einen Menschen zu verurteilen, dann ist sie auch nicht dazu da, einen Menschen zu verehren und zu umschwärmen und zu verkennen, sagte die innere Warnstimme, also bilde dir bloß nichts auf diese Begegnung ein, auf dies angeblich einvernehmliche, einverständige Schweigen –

Sein Schweigen ist ein ganz anderes als deines, ein ganz anderes, er ist erschöpft, er ist seiner Rollen müde, er hat alles gesagt, hat einfach keine Lust mehr, unnötig zu reden, er möchte schreiben, nichts anderes als schreiben, und nichts mehr sagen zum Tausendmalgesagten, das ist das eine –

Aber was viel mehr zählt, sein Schweigen ist meilenweit tiefer fundiert und von ganz anderen Erfahrungen gesättigt als dein billiges Schüchternheitsschweigen, sein Schweigen ist nicht nur eine der Antworten auf den Terror der Nazis, sondern ebenso auf die Jahrzehnte unter Zensur, als er geknebelt war von den unerforschlichen Regeln und der Willkür der Zensoren, der Ablehner, Denkbefehlshaber, Sprechvorschriftenmacher –

Sein Schweigen wird immer geprägt sein von den Entmutigungen und Einschüchterungen, gegen die er sich beharrlich und listig gewehrt hatte und geschuftet die ganzen fünfziger Jahre, die sechziger, siebziger, achtziger Jahre ohne Aussicht auf ein Echo oder gar die vorzeitige Entlassung aus dem lebenslänglichen Schweigeknast –

Während du von Anfang an sagen konntest, was du wolltest, so frech und deutlich sein konntest, wie es dir gefiel, veröffentlichen, was dir brauchbar schien, auch wenn deine Wortmeldungen neben Anerkennung einige Häme, üble Verrisse und sogar Klagen vor Gericht, langwierige und teure Prozesse einbrachten, du warst doch immer ein freier Mann, immer, dein Schweigen war nie ein erzwungenes oder nur ein von deinen eigenen Schwächen bestimmtes Schweigen –

Wir kamen nicht nur aus verschiedenen Jahrgängen und Ländern, es stand nicht nur der Massenmörder und Drogist zwischen uns, wir kamen aus verschiedenen Zeiten, wir lebten auch jetzt noch in verschiedenen Zeiten, obwohl wir ein paar Minuten lang nebeneinander im gleichen Rhythmus und vielleicht mit ähnlichen Gedanken durch diesen Maientag des Jahres 2003 gegangen waren auf den Straßen von Jena, wo die harten Schnitte von Gestern und Heute, wo die Gegensätze der Zeiten an fast jeder Ecke sichtbar waren, sich kreuzten, überlagerten und verschmolzen und wo ich trotzdem für die Jenaer erkennbar blieb als Westler schon wegen des hellen Sommermantels und der Schuhe und er wegen seines Hutes, obwohl er alles andere als ein Westler war –

Er hat viel mehr und viel bessere Gründe zu schweigen als du, von diesem Gedanken kam ich nicht los, auch weil der Grund seines Schreibens ein anderer war, der Kosmos seiner Erfahrungen überhaupt nicht zu vergleichen mit den Bagatellen meines behüteten Lebens in der Nachkriegszeit und nicht mit den Freiheiten des Schreibens und den glücklichen Schritten bis in diese Gruppe der Dichter und Denker, die mich heute in Schillers Garten und in dieses Hotel geführt hatten und zu diesen Gedanken, die mich nicht einschlafen ließen –

Was hatte ich schon Schlimmes erlebt, ein paar unangenehme Prüfungen, den zu frühen Tod des Vaters, auch bitteren Streit, und, ja, gut, den einen und den anderen Krebs, den schweren Nierentumor, den nur einer von zehntausend Patienten überlebt, da war ich der Glückspilz, der jetzt in einem Bett des Hotels Esplanade lag, über sein Leben nachdachte und sich auf die zweite Hochzeit freute, selbst unter den Tumoren hatte ich nicht gelitten, ich hatte einfach gute Ärzte und mehr Glück als neuntausendneunhundertneunundneunzig andere –

Wann hatte ich schon Angst, existenzielle Angst erlebt, einige Situationen größerer Ängstlichkeit, ja, gut, aber nichts, was wirklich in die Seele schnitt, in jüngster Zeit nur das eine Mal, vor Capri neulich im März, die Angst zu versinken und zu ersaufen in den eiskalten Wellen, die steckte mir immer noch so in den Knochen, dass ich nun erst recht nicht einschlief und sofort wieder alle Einzelheiten vor Augen hatte –

Als keine Touristenboote mehr zur Blauen Grotte und zu anderen begehrten Zielen der Insel fuhren wegen kalten Nordwinds und tückischer See, wir aber in einer Gruppe von zwölf, fünfzehn Deutschen und Italienern, gerade von Neapel herübergekommen, einer Einladung in die berühmte Villa von Curzio Malaparte folgten, einst auch Schauplatz des Godard-Films «Die Verachtung», und statt des einstündigen Fußwegs gegen meinen Willen lieber in ein gechartertes Boot stiegen für eine halbstündige Fahrt, das ein erfahren wirkender Fischer steuerte –

Der auch nichts ändern konnte an den immer höheren Wellen, an dem Wasser, das ins Boot schwappte und spritzte, am wilden, rhythmischen Tanz unseres Kahns und nichts an den in falscher Fröhlichkeit wie in der Achterbahn kreischenden Leuten, ich wunderte mich über die Fähigkeit der anderen, die Gefahr nicht wahrhaben zu wollen, sie nicht einmal zu wittern –

Um mich abzulenken, versuchte ich Bilder aus dem Film aufzurufen, aber außer Brigitte Bardot, Michel Piccoli und einer ungewöhnlichen Treppe stellte sich nichts ein, dann höhnte der Schlager von den Capri-Fischern durch den Kopf, ich sah unseren Capri-Fischer ungerührt im Boot stehen und den Kurs halten, seine starken Hände am Steuer reichten nicht zu meiner Beruhigung, und versuchte, meine Angst selbstironisch zu nehmen und mich abzulenken mit der roten Sonne, die im Meer versinkt, aber auch das erheiterte mich so wenig wie die Hoffnung auf bella bella Marie und ein Zurück morgen früh –

Dazu kam der Schreck, dass niemand meinen Schrecken zu bemerken schien und dass ich, ein schlechter Schwimmer und kein Freund allzu bewegter Meere, immer ängstlicher und, ich fühlte es, blasser wurde, vor der Kälte und dem bissigen Wind vom Wintermantel zugleich geschützt und zum Tod verurteilt, weil der beim Eintauchen ins Wasser sofort schwer und selbst bessere Schwimmer in die Tiefe ziehen würde, es brauchte nur eine größere Welle hereinzuschwappen, drei Leute springen auf vor Schreck, das Boot kippt und kippt uns alle ins Meer, die Felsen viel zu weit entfernt, Schwimmwesten nirgends –

Mit beiden Händen festgeklammert am Sitzbrett, sah ich bald auch andere stiller und bleicher werden, und gegen meine Angst, die zur stummen, reglosen Gewalt einer Panik geworden war, half nur der Blick auf den Steuermann, aufrecht stand er gegen den Wind und schien alles im Griff zu haben, ich wollte, vor allem vor mir selbst, tapfer sein und tat alles, mich der eigenen Angst anzupassen, sie zuzulassen, mich an sie zu gewöhnen –

Doch die Phantasien vom schmählichen Ende im kalten Wasser vor Capri waren stärker, ich starrte auf die unerreichbaren Felsen, im Rücken der Krater des Vesuvs, in den ein Mann aus der väterlichen Familie aus Bremen vor hundert oder mehr Jahren gestürzt war, zu nah am Krater, ab ins Feuer, durchs Hirn jagten Fetzen meines Lebensfilms und des Selbstmitleids wegen der verpassten Hochzeit und der nicht mehr zu realisierenden Buchideen, dazu die Vorahnung einer absurden Todesanzeige mit der endgültigen Disqualifizierung als deutscher Schriftsteller: Geboren in Rom, gestorben vor Capri –

Seitdem hatten wir oft gelacht über solche Gedanken, aber im Boot dauerte es noch einige harte Minuten, bis wir die Nordostspitze der Insel passiert hatten und nach Süden drehten und der Wind zum Rückenwind wurde, erst allmählich stellte sich die Erleichterung ein, aller Voraussicht nach doch nicht ersaufen zu müssen, die Knie zitterten weiter stundenlang, die Angst ließ nach, aber als Erfahrung blieb sie so lebendig, dass sie, kaum vom Pulsschlag leiser Gedanken angestoßen, mich noch zwei Monate danach im Jenaer Hotelzimmer vom Schlafen abhielt –

Aber es war nicht allein die Angst vor dem stürmischen Wasser gewesen, es war auch die Angst vor dem allesfressenden Krieg, die hier mitgespielt hatte, dieser Gedanke kam mir jetzt erst beim Rückblick auf die Schreckensmomente –

Morgens in Neapel hatten wir erfahren, dass der lange geplante Krieg gegen den Irak mit den ersten Bombardements auf Bagdad eben begonnen hatte, und schon auf der Fährfahrt nach Capri, beim Blick auf den Vesuv und die für ihre Schönheit tausendfach gerühmte Bucht, waren die Fernsehbilder und die Vorstellungsbilder vom gar nicht so weit entfernten Horror der Bomben vorbeigezogen, sodass dieser gerade erst erklärte, noch so morgenfrische Krieg, an dem auch Italien sich beteiligte, mich an dem Vormittag vor der schroffen Küste von Capri vielleicht besonders empfindlich gemacht und meine übertriebene Angst vor den Wellen gesteigert hatte –

Dieser Krieg, über den ich mit K. lieber nicht hatte reden wollen, er ließ mich nicht in Ruhe, Krieg, dachte ich, liegend auf einem zu weichen Kopfkissen, du hast völlig recht, so empfindlich, so allergisch auf Kriege zu reagieren, «wir alle in Europa sind schwer Kriegsversehrte oder Nachkommen von Kriegsversehrten», hatte der ungarische Freund N. geschrieben, und das entsprach auch meiner Empfindung, «ob wir davon Kenntnis nehmen oder nichts davon wissen wollen, weil wir Idioten sind und auch Idioten zu bleiben wünschen» –

Du Kriegskind, dir steckt doch auch der Krieg in der Seele, obwohl du ihn länger als zwei Jahre geschützt und unverletzt überlebt hast, nie in der Bombenhölle, nie im Schussfeld, nie auf der Flucht, doch dann kam der Krieg zweieinhalb Jahre nach Kriegsende in Gestalt des äußerlich nicht, aber seelisch gewiss kriegsversehrten Gefangenschaftsvaters, der zum ersten Mal vor dir auftauchte, als du fast fünf warst, und der dich sogleich zum Stotterer degradierte –

Der Krieg hat dich zum Stottern und Schweigen gebracht und zum lebenslangen Lernen der Sprachen des Schweigens, was denkt man nicht alles, wenn man kein Idiot sein will, eine kühne These mitten in der Nacht, die ich nicht gleich verscheuchen mochte, weil ich wusste, dass ich sie gar nicht verscheuchen konnte –

Die Stottergeschichte war nun einmal meine Geschichte, und ich hatte mir vorgenommen, sie nicht mehr zu verdrängen mit ihren Schmerzen und Beschämungen, ich hatte sie in einem Buch ausführlich beschrieben und wurde trotzdem immer wieder in sie zurückgeworfen, so weit war die Kindheit nicht weg –

Die unsichtbare, mir immer gegenwärtige Behinderung, die mich meistens dann erfasst hatte, wenn vom Vater, von einem Lehrer und manchmal auch von der Mutter eine Antwort erwartet oder verlangt wurde und eine Spur Angst im Spiel war und ich, falls ich das Glück hatte, eine Antwort zu wissen, erst einmal die Wörter mit Stottergefahr aussortieren, die mit Konsonanten beginnenden beiseiteschieben und andere, ähnliche Wörter für eine passende Antwort suchen musste –

Gerade die väterliche, die amtliche, die schulische Sprache war voller Konsonanten, Doppelkonsonanten am Wortanfang, und Verschlusslaute, Gaumenlaute, Zettlaute waren meine natürlichen Feinde, die ich nicht aus der Welt schaffen, sondern nur meiden und, wenn es gut ging, ersetzen konnte, wobei mir zuerst meist andere Konsonantenwörter einfielen, die auch nicht passten, und ich bei jedem Satz mit der Suche nach möglichst reibungslosen Worten beschäftigt war und mein Vokabular wieder und wieder durchgehen musste –

Jede einzelne Silbe war zu prüfen, bevor sie über die Zunge kommen sollte, jedes Wort war abzuwägen, erst sein Stotterpotential, dann sein Sinnpotential, bevor ich die Aussprache in Angriff nahm, und bis meine Wortfindungsabteilung im Gehirn stimmige Ersatzwörter oder Umschreibungen gefunden hatte, war es meistens zu spät, entstand zu viel Schweigezeit, taten sich Abgründe peinlicher Wortlosigkeit auf, war mein Gegenüber längst beim nächsten Punkt und wusste noch weniger als ich, ob der Grund für die abgebrochenen Artikulationsversuche und das Verstummen in meiner Dummheit lag, in der offensichtlichen Angst vor Blamage oder einer Krankheit des Sprechens –

Wenn ich sprach, wenn ich stotternd mit verzerrtem Gesicht, japsendem Mund, halben Wörtern und halber Stimme sprach, fiel ich auf, fiel mehr auf als sonst, alle bemerkten diese Behinderung, manche lachten darüber und trafen mich tief, mir selber war jede Stottersekunde peinlich, und ich sah die peinlich berührten Gesichter der anderen, ich hasste mich selber für all diese Peinlichkeiten, bis ich entdeckte, dass es besser war zu schweigen und weniger peinlich, als Schweiger aufzufallen –

Und besser, die verschiedenen Sprachen des Schweigens zu trainieren und mich auf die eigenen Stärken zu konzentrieren, meine einzige Stärke, mit der Sprache zu spielen und aus ihrem unendlichen Fundus das Beste, das Originellste, das Frechste, das Schlauste, das Witzigste herauszuholen, und mich ganz auf das Schriftliche zu werfen und all die Hindernisse der Mündlichkeit, des Sprechens zu vergessen –

Den Schmerz über das mündliche Versagen mit geschriebenen Worten bekämpfen, das Rezept hat geholfen, und etwas angeberisch könnte ich behaupten, mich aus dem Schmerz herausgeschrieben zu haben und durch die demütigende Erfahrung der Stotterei und des Versagens mein Gefühl für andere, für das Leid der anderen geschärft zu haben, ganz abwegig ist das nicht, dass der Kampf, sich nicht mehr runterziehen und demütigen zu lassen von wem auch immer, auch sensibler macht für Leute, die ähnliche Kämpfe zu führen haben, denn jeder hat doch an seinem Leidkern zu knacken –

Warum, grübelte ich in dem Hotelzimmer, in dem mich das weiche Kopfkissen und der leichte Farb- oder Leimgeruch vom Schlafen abhielten, warum stürzten mir die Gedanken in dieses Trauma zurück, unabhängig von dieser kurzen, kuriosen Tour mit K. durch die Fußgängerzone, warum kreisten die Erinnerungsschleifen immer wieder um diesen Kern, warum richtete ich den Ultraschall so oft auf meinen aus dem Takt geratenen Sprachgebrauch, bis ich mir ein Echobild machen konnte, wie der Arzt mit dem Sonographen auf mein arhythmisches Herz, bis er auf dem Bildschirm Klarheit hatte –

Wie hatte ich mich gefreut vor ein paar Wochen, dachte ich in die Müdigkeit hinein, zum ersten Mal mein Herz zu sehen bei seiner Arbeit, das Weiche, Zarte, Entschiedene seiner Mechanik beim Pumpen und Verteilen des Saftes, und zu bewundern das unermüdliche Lebensmaschinchen, das da schwarz-weiß und bescheiden vor sich hin ackerte für mich, ganz allein und tapfer für mich –

So hätte ich gern einmal ein Echobild meiner Zunge und der Stimmbänder und des Gehirns gesehen, wie sieht das Schweigen aus auf dem Bildschirm und das Denken vor dem Denken vor dem Sprechen –

Überhaupt, wie sieht es aus, das Schweigen in seinen vielen Sprachen und Formen, das erzwungene, verordnete, defensive Schweigen für Anfänger oder das in vielen Varianten mögliche aktive Schweigen für Fortgeschrittene, wer denkt an die Vielfalt, an den Nutzen, die Notwendigkeit des Schweigens, zu diesem Thema wäre doch mal eine Tagung fällig, dachte ich, mit Teilnehmern aus vielen Fachrichtungen, schon sah ich mich auf einer solchen Tagung vor dem Mikrophon stehen und meine Schweigegeschichte fortsetzen –

Wie die Jahre des Stotterns die Vorschule des Schweigens gewesen waren, wie ich den Umgang mit dem Schweigen geübt und gelernt hatte und wie ich mich desto mehr schämte, je mehr ich an der Sprache würgte wie ein stammelnder Schimpanse, je länger die

Redepausen dauerten und das ungeduldige Warten der anderen auf meine Antwort umsonst war und ich aufgab, vom eigenen Mundwerk blamiert, die Schande fühlend, die auf mir lag –

Wie ich mich oft aus der Perspektive der Mitschüler, Lehrer, Eltern als den Versager sah, mit dem etwas nicht stimmte, der sogar beim einfachsten Sprechen versagte, als Nichtskönner, der nicht einmal ordentliche Sätze über die Zunge brachte, und wie ich mich selbst zu beobachten und zu verachten lernte wegen dieser Behinderung und mich selbst mehr diskriminierte als die andern mich diskriminierten –

Und wie ich bei jedem Gespräch und Zuhören spürte, wie die Sprache durch meinen Kopf lief, auch wenn ich nichts sagte, wie der Kopf auf Hochtouren arbeitete, um je nach dem Stand des Gesprächs oder der Haltung des Gegenübers die mögliche, die passende Antwort zu finden, die in einer Ja-Silbe oder Nein-Silbe, in einem Halbsatz oder mehreren Sätzen oder im zugewandten Nichtsprechen oder im abweisenden oder nur abweisend scheinenden Nichtmundaufmachen liegen könnte –

Ich stellte mir K. vor, wie er bei einer Tagung zum Thema Schweigen meinem Vortrag zuhört, mit Blickkontakt zu ihm in der dritten Reihe, und dachte ungefähr Folgendes noch zu sagen –

Lange hatte ich gebraucht, bis ich im aussichtslosen Kampf gegen meine Sprechfehler nachgab und es satthatte, immer wieder zu scheitern und mich vom eigenen Schuldgefühl und von den mitleidigen Blicken der anderen demütigen zu lassen, lange hatte es gedauert, bis ich den Mut fand, öfter mal bewusst und beharrlich zu schweigen, statt mit einer gestotterten, abgebrochenen Antwort meine Unfähigkeit vorzuführen, und bis ich spürte, wie dem schweigenden Kind, dem schweigenden jungen Mann mehr Aufmerksamkeit, eine respektvollere Aufmerksamkeit zuteilwurde als dem schlecht sprechenden –

Überzeugt davon, dass das Schweigen auch eine Art Sprache sein kann, vielleicht sogar der Ausgangspunkt und Angelpunkt aller Sprachen, gewöhnte ich mich an die Rolle des unscheinbaren Schweigers, der sich Mühe gab, die Peinlichkeit dieser Rolle zu seinem Vorteil zurechtzubiegen, ein möglichst intelligentes Gesicht zu zeigen und als aktiver, dialogischer Schweiger zu erscheinen, der davon profitierte, seine Dummheit, Unbildung, Denkfaulheit leichter verbergen zu können als andere –

So wurde das Schweigen mein Markenzeichen auch als Student, als Lektor und Autor, für andere oft rätselhaft oder langweilig, vieles blieb offen und ungeklärt, was mich betraf, ich nahm die Rolle des Langweilers und die Missverständnisse in Kauf, ich liebte und brauchte die Ungewissheiten, die mit meinem teils notwendigen, teils freiwilligen Rückzug ins Schweigen einhergingen, sie erlaubten wildere Phantasien und lockende Träume –

Dann sollte ich noch anfügen, dass ich erst in den letzten Jahren begriffen habe, wie aus dieser Behinderung, den Sprachqualen und Schweigenöten meine Liebe zur Sprache gewachsen ist, wie das Stottern mir geholfen hat, die vorgegebene Sprache und die naheliegenden, die fertigen Begriffe nicht zu akzeptieren –

Damit wäre ich wieder bei K. und seinem Satz angelangt, der mir kurz vor dem Rathaus eingefallen war und bei dem ich viel zu lange gezögert hatte, ob ich ihn zum Anstoss für ein kleines Gespräch nehmen oder lieber durch ein Nichtgespräch würdigen sollte: «Vielleicht macht nicht irgendeine Begabung den Menschen zum Schriftsteller, sondern die Tatsache, dass er die Sprache und die fertigen Begriffe nicht akzeptiert» –

Irgendwann werde ich ihm vielleicht erzählen, dachte ich, wie sehr das auf mich zutraf, wie ich im Misstrauen vor jedem gewöhnlichen Wort und gleichzeig aus Dummheit, wie er völlig richtig vermutet hatte, zum schreibenden Menschen geworden war, der seine Sicherheit aus den geschriebenen Wörtern gewann und aus der Liebe zu den Vokalen der Poesie –

Alle diese Abschweifungen und Halbgedanken machten mich nicht müder, wie ich gehofft hatte, vielmehr wacher und wacher, ich überlegte, aufzustehen und am Schreibtisch einige der Einfälle ins Notizbuch zu kritzeln, die schräge Idee der Tagung und die flüchtigen Deutungen meiner Schweigekarriere in Stichworten festzuhalten –

Doch ich blieb liegen, zu stark war plötzlich die Erinnerung an die Zeit, als ich von einer Sprache ohne schwere Konsonanten geträumt hatte, von einer Sprache aus lauter Vokalen, wie ich so lange an diesem Traum festhielt, bis er wahr wurde, als ich die Sprache der Vokale und des eigenen, eigenwilligen Klangs entdeckte in der Poesie, der idealen Form, etwas gleichzeitig zu artikulieren und zu verschweigen, und mich allmählich aus dem Schmerz der jahrelangen Demütigungen herausschreiben konnte –

Bis mich die Idee mit der Tagung wieder in die Gegenwart von Jena zurückholte, jetzt war ich auf einmal sicher, beim Gang mit K. wohl doch zu viel geschwiegen zu haben und mir sein Schweigen nur schönzureden und der Illusion vom einverständigen, vom wahrenschönenguten Schweigen verfallen zu sein, trotzdem hatte ich keinen Zweifel, dass die Sprachen des Schweigens zu wenig beachtet wurden, auch von mir selbst –

Endlich stand ich auf, knipste das Licht an, es war kurz nach zwei, setzte mich an den Schreibtisch, der zur Hälfte von einem Fernsehgerät verstellt wurde, und versuchte, mich noch einmal zu konzentrieren und die vielen Sprachen des Schweigens zu unterscheiden und aufzulisten –

Schweigen wegen
- Angst (vor Autoritäten, Urteilen)
- Dummheit, Unwissenheit
- Schüchternheit, Respekt
- Verlegenheit, Unentschiedenheit
- Überlegenheit (bess. Wissen, schlauer)
- Faulheit, auch Denkfaulheit
- Macht (strateg. Vorteil, andere irritieren, Mitleid u. Interesse provoz.)

Angstschweigen, Dummheitsschweigen, Schüchternheitsschweigen, Unentschiedenheitsschweigen, Besserwisserschweigen, Faulheitsschweigen, Machtschweigen, sieben, zählte ich, das hört sich gut an, sieben Sprachen des Schweigens, des aktiven, dialogischen, souveränen Schweigens, ein gutes Resultat des langen Tages, ich war zufrieden, sieben Stichworte untereinander, um sie irgendwann später einmal genauer zu bedenken und zu begründen, ich klappte das Notizbuch zu und legte mich wieder hin –

Jetzt hast du das politische Schweigen vergessen, du Trottel, oder gehört das zum Angstschweigen, und was ist mit den schweigenden Mönchen und den schweigenden Verbrechern, diese Gedanken rissen mich gleich wieder in die Wachheit zurück –

Vergessen war ein falscher Vorwurf, ich hatte erst einmal nur meine Erfahrungen ausgewertet, und dazu gehörten glücklicherweise nicht das aufgezwungene Schweigen in einer Diktatur oder in existenzieller Not, nicht das Schweigen der im Exil Verzweifelten bis hin zu Tucholsky und Döblin, nicht das Schweigen unter der Folter, nicht die Verschwiegenheit der Kriminellen, auch nicht das Schweigen über eine Schuld oder Mitschuld, das beispielsweise die Generation unserer Eltern und Großeltern zu einer eigenen Spezies von Stummen gemacht hatte, auch nicht die Schweigepflicht, die manchmal notwendige Verschwiegenheit und nicht das Schweigen der Liebenden, der Mönche, der Schlafenden und der Toten –

Was ich wirklich vergessen hatte, fiel mir erst jetzt beim Aufschreiben ein, war das mehr oder weniger feige, das wegschauende, hilflose, das opportunistische Schweigen bei politischen, beruflichen, privaten Konflikten, wenn das Sprechen mit größeren Risiken, Nachteilen, Unbequemlichkeiten verbunden war, das hatte ich verdrängt in der Jenaer Nacht, oder gehörte das auch zum Angstschweigen, da musste noch vieles bedacht werden –

Schluss mit dem Grübeln, sagte ich mir, es ist doch egal, wie viele Schweigesprachen es noch geben mag, zwanzig, dreißig, hundert, ich merkte endlich, wie bescheuert es war, mitten in der Nacht weiter nachforschen zu wollen, vielleicht gab es so viele Arten des

Schweigens wie es Sterne gab, das Schweigen des Staunens, das Schweigen des Entsetzens, des Schreckens, weißt du, wie viel Sternlein stehen, hör auf, ob sieben oder siebenundsiebzig oder siebenhundert Billionen, was macht das für einen Unterschied –

Ich gab mir Mühe aufzuhören, konnte jedoch nicht allen Gedanken widerstehen, überheblich und leichtsinnig taumelte ich den immer noch ordnungswütigen Hirnwellen hinterher in einem Thüringer Hotel in nächtlicher Stille zwischen zwei und drei oder später –

Bevor mir, unendlich müde, noch einmal der Lkw mit der Bierwerbung vor die Augen fuhr und stehen blieb und ein Echo leisen Lachens durch das schläfrige Gedächtnis hallte, des kurzen synchronen Auflachens an der Fußgängerampel über den Spruch «Das Leben wird nicht leichter. Aber immer besser belohnt», und ich, lächelnd wahrscheinlich, in den Schlaf tauchte –

Lebensanzeige
oder
Die Stimmlosigkeit der Stimmbänder

Das Sterben hattest du dir schwerer vorgestellt –

Verschiedene Stufen des Endes sind leichter zu erinnern als der Anfang, es wird immer ein Rätsel bleiben, wie die Geschichte begonnen hat, da gibt es keinen Verdacht, keine Vermutung, nicht einmal die leiseste Ahnung, wie du ihn angelockt und eingefangen haben könntest, den unsichtbaren Teufel, der es auf dich abgesehen hatte im Februar 2008 –

Wo er lauert und wo er dich anspringt, dein ganz persönlicher Angreifer, das weißt du nicht, er stellt sich nicht vor, ehe er dich ohne jeden Anlass zum Duell fordert und an einer Straßenkreuzung neben dir auf Grün wartet oder bei einer grüßenden Umarmung loshüpft oder aus der Luftdüse über dir in das Gesicht pfeift oder von einem hustenden Menschen in der Reihe hinter dir im passenden Winkel auf seine Schussbahn geschickt wird –

Der Unsichtbare oder das unsichtbare Ding oder das unsichtbare Wesen, das die Ärzte später Virus nennen werden, ist unhörbar, nicht zu schmecken, zu riechen, zu tasten, aber allzeit bereit, durch die Luft zu springen und Anschluss zu suchen, besonders dann, wenn die Leute erkältet sind, beispielsweise im Februar, aber du bist es nicht, außerdem geimpft gegen Grippe, du bist ein entspannter Reisender in einer ledernen Sänfte von Air Berlin, bequem am Morgen von Rom über die Alpen getragen –

Wie das anfängt, merkst du nicht, beim ersten erleichterten Atmen in Berlin nicht, im Taxi nicht, in der Wohnung nicht, bis zum Abend hast du keine Gründe, über das Luftholen nachzudenken, aber am zweiten Tag gefällt dir schon das Treppensteigen nicht mehr, und das Gehen wird langsamer –

Da stimmt etwas nicht, und du willst dir nicht eingestehen, dass etwas nicht stimmt, du atmest kräftiger durch, vorbildlich tief durch die Nase ein und langsam durch den Mund wieder aus, aber das hilft nicht, da stimmt etwas nicht, das Atmen wird mühsam, das Atmen wird Arbeit, die Lunge schwer, du sagst das deiner angetrauten Geliebten, du sagst es am Morgen des dritten Tages dem Arzt –

Der vermutet Bakterien und verschreibt dir ein Antibiotikum und lässt deine Lunge röntgen, die sieht nicht gut aus, aber vielleicht hilft ja das starke Medikament, das du schluckst, und du planst weiter dein Geburtstagsfest, der nicht besonders beliebte und doch markante Geburtstag steht an, der den Beginn des sogenannten Rentenalters markiert, das nichts ändern soll an deinen Arbeitsgewohnheiten und Tagesläufen, nur den Vorteil verspricht, endlich mal eine kleine, aber feste Summe an jedem Monatsende aufs Konto überwiesen zu bekommen –

Das ist ein Grund zum Feiern im größeren Haufen, vierzig, fünfzig Freundinnen und Freunde sind geladen, Wein wird geliefert, Essen ist vorzubereiten für den Feiersamstag in wenigen Tagen, und doch verbessert das Antibiotikum das Luftholen nicht, im Gegenteil, das geht immer schwerer, der Arzt hatte gesagt: Wenn es nicht besser wird, fahren Sie bitte ins Krankenhaus, und eins in der Nähe empfohlen wegen der Spezialisten dort –

Wann fängt es an, das allmähliche und dann schlagartige Nachlassen der Hoffnung auf Besserung, noch am Mittag des vierten Tages denkst du: Es wird schon, es wird schon, du willst nicht als Gesundheitsschwächling erscheinen, weil du ein Gesundheitsschwächling bist, und sagst deiner Frau, sie könne ruhig fahren zu ihrem Termin in das zwei Stunden entfernte Hannover, sie komme ja gegen Mitternacht wieder –

Und schleppst dich durch den Nachmittag, weißt mit deiner Erschöpfung nichts anzufangen, isst etwas, hast plötzlich Angst zu kippen und noch mehr zu schnaufen, jeder Schritt fällt dir schwer, als nehme die Atemluft ab mit jeder Abendstunde –

Du bist erst drei Jahre zuvor auf der Straße mit Schwindel umgekippt in Rom, mit Blaulicht durch die Stadt geschleudert worden, und zwanzig Alptraumstunden in einem Pronto Soccorso haben dir gereicht und dich gelehrt, nicht zu lang zu warten und ein Krankenhaus lieber aufrecht als liegend anzusteuern, du packst also Zahnbürste, Unterhose, Schlafanzug und ein Buch in eine Tasche, schickst eine SMS-Nachricht an die in Hannover beschäftigte Frau und bestellst ein Taxi –

Zur Notaufnahme ins Krankenhaus, und bittest den Fahrer, dich zu begleiten und zu stützen auf dem Weg bis zum ersten Schalter der Anmeldung, und so kommst du an, aufrecht tappend und aufrecht wackelnd auf zwei Beinen, zeigst deine Karte vor, nimmst erleichtert den Wartestuhl, wartest, versuchst, der Aufnahmeärztin deinen Zustand zu beschreiben, sagst, was du weißt, und sagst, dass du nichts weißt und dir das alles nicht erklären kannst, die Ärztin horcht dich ab und tastet dich ab, die üblichen Handgriffe, die üblichen Geräte –

Du lässt dir alles nicht ungern gefallen, du gibst die Verantwortung für dich, für deinen Körper an die Ärzte ab, es bleibt dir nichts anderes übrig als Vertrauen zu haben, und deshalb beschließt du, Vertrauen zu haben und ihren Anweisungen zu folgen, Ärzte haben dich schon einmal von einem dreikiloschweren Nierentumor befreit, einmal von einem mittleren Prostatakarzinom, da wird ihnen schon was einfallen gegen die kleine Atemnot, sie sind die Fachleute –

Und du darfst auf einem Bett liegen, während sie den Raum verlassen und nach einer Weile wiederkehren und sagen, dass sie dich auf die Intensivstation bringen werden, was dich nicht besonders schreckt, sondern eher beruhigt trotz der Aussicht auf eine vorübergehende Unmündigkeit: Sie tun was, sie tun alles für dich –

Du kannst noch deine Frau anrufen, aber die hat ihr mobiles Telefon nicht angeschaltet, du kannst ihr die Nachricht aufsprechen, wo du bist und was dir bevorsteht, du kannst noch eine deiner Töchter anrufen und ihr sagen, wo du bist und was dir bevorsteht, das Wort Intensivstation ist ein Schreckenswort für sie, aber nicht für dich, der dort schon mal die eine oder andere Nacht wegen des Herzens gelegen hat, die Ärzte meinen es ernst, es hilft nicht, drum herumzureden –

Man schiebt dich durch Gänge und Fahrstühle, bringt dich nach oben in einen Raum mit mehreren Apparaten am Bett, und dann geht es schnell, umziehen und Schläuche in den Arm, Zahlen auf dem Bildschirm neben dir, Fieptöne in der Nähe, Stimmen, Geschäftigkeit auf allen Seiten, du findest dich ab mit allem, was kommt, was du hörst, was du siehst, du wirst müde, du hast keine Schmerzen –

Es ist kurz vor Mitternacht, und du realisierst noch, dass gleich dein Geburtstag anbricht, spürst eine winzige Genugtuung über das Absurde dieses Moments, denkst nicht an den Tod und auch nicht zurück an dein Leben, an Höhepunkte, Tiefpunkte, Schwachpunkte, denkst nicht an Gott und die Ewigkeit und den verrückten Lauf der wackligen Welt –

Du verstehst gerade noch die Komik deiner Lage: Am Tag des Geburtstags und des Eintritts ins Rentenalter, wie es schulmäßig heißt, liegst du entkräftet, nach Luft japsend auf der Intensivstation und wirst dich doch bitte nicht gerade an diesem Tag aus der Welt verabschieden mit solch einer lächerlichen Pointe –

Denk an was Schönes, nimmst du dir vor zwischen den Schläuchen und Apparaten, während die Anästhesistin sich an deinem Arm zu schaffen macht, du zauberst dir keine Panoramabilder von Blumenwiesen herbei, keine Gebirgslandschaften, auch nicht die Kinder, nicht Musik, nicht Bücher, auch nicht die eigenen, nein, denk an was Schönes, was gibt es Schöneres als die Orgasmen –

Schon siehst du mit geschlossenen Augen deine Frau über dir, auf dir, du auf dem Rücken liegend in ihr mit zuckender Kraft und mit dem Mund nah bei den

Brüsten, und siehst den Jubel in ihrem Schmerzglücksgesicht, so ist es gut, es gibt nichts Besseres, du hast nicht umsonst gelebt, geliebt, alles ist gut, du liegst auf dem Rücken, das Bett bewegt sich, als schwimme es auf leichten Wellen, und ab geht die zärtliche Fahrt im Schlauchboot –

Hinaus in die Fluten der Müdigkeiten, auf die hohe See des Schlafs, der Wärme, des Dunklen, des entspannten Nichts oder des ewigen Orgasmus, alle Bilder, alle Vorstellungen gehen ineinander über und schieben dich in einen musikalischen, unaufdringlichen Rhythmus, in einen fast heiteren, gelassenen Zustand, eine angenehme Gleichgültigkeit, das sind die letzten, in leichter Trunkenheit schwebenden, leise verwehenden Gefühle –

So trägt es dich dahin, trägt dich weiter und weiter –

Was dein Gehirn anstellt, nimmst du nicht mehr wahr, weil du gar nichts mehr wahrnimmst, dein Bewusstsein ist abgesunken auf Null, und der Raum ist kein Raum mehr und die Zeit keine Zeit, und nicht mal die Nacht ist noch Nacht in deiner absoluten, in deiner bildlosen uhrlosen zeitlosen konturlosen Bewusstlosigkeit –

*

Bis es dämmert und blau wird um dich herum, ein leuchtendes Himmelblau oder Fernsehstudioblau, du erwachst, wenn das denn ein Erwachen ist, in einer blau gekachelten hohen Halle mit langen, endlos langen Rolltreppen wie in einer sehr tief gelegenen Londoner U-Bahn-Station, es sind nur wenige Menschen unterwegs, es gibt nur einen Weg, den nach oben –

Du stehst ganz unten auf einer dieser Treppen und wirst nach oben gehoben, ein gutes Gefühl, aufwärts getragen zu werden, du scheinst der Einzige zu sein, der diese Rollreppe nutzt, es geht hoch hinauf, eine lange Fahrt, und sehr weit oben, wo die Treppe endet, erkennst du deine Frau, sie ist bekleidet und trägt eine Brille mit blauem Gestell und blauen Gläsern, stehend fährst du ihr entgegen, neben ihr dein Bruder, beide erwarten dich und strahlen dich an, als wärst du sehr lange fort gewesen, und du freust dich, die beiden zu treffen –

Doch ihr könnt euch kaum begrüßen und umarmen, da kommt jemand mit Kittel dazwischen, gegen den du sofort eine Aversion hast, eine Frau oder ein Mann mit Mund- und Nasenmaske, und zerrt dich weg von den beiden in einen Behandlungsraum und will dir einen Atemschlauch in den Hals stecken auf herrische, grobe Art –

Du merkst, dass du in einem Haus der Kranken bist, vielleicht in einer Stadt der Kranken, und hast nichts dagegen, dich behandeln lassen, nur von diesem Kittelmenschen auf keinen Fall, und versuchst, einer Ärztin das zu erklären und deine Stimme zu erheben, es sind nun mehrere Leute bei dir –

So spürst du den Schmerz, keine Stimme zu haben, nicht sprechen, deinen Wunsch nicht äußern, überhaupt keinen Wunsch und Willen mehr ausdrücken zu können, du hast keine Zunge, keinen Mund, du hörst dich nicht mal stammeln und krächzen, und zu deiner japsenden, röchelnden Unfähigkeit kommt der Schrecken über deine japsende, röchelnde Unfähigkeit –

Du weißt nicht, wie du dich artikulieren, wie du dich wehren kannst, deine Gesten sagen den anderen nichts, du bist völlig erlahmt, es sind Ärzte um dich herum, und du traust ihnen nicht, man hat dir die Stimme genommen, nun soll dir auch noch der Atem genommen werden, du bist nicht gewohnt, ringen zu müssen um ein bisschen Atem, alles lechzt in dir nach Luft, aber in der Luft ist keine Luft mehr für dich –

Sie traktieren dich mit einem Atemschlauch, du bist zum Objekt geworden, es ist ein Gewürge und Gemache um dich herum, du hast keine Schmerzen außer dem Schmerz, deine Stimme nicht wiederzufinden, die Zunge ist keine Zunge, die Arme sind kraftlos geworden, dein Kopfschütteln nützt nichts, du möchtest alles hinnehmen als einen schlechten Traum, doch der Traum ruckt nicht weiter, oder du hängst fest in seinen Bildern, alles steht still, du siehst immer die gleiche Sequenz –

Bist in eine brutale Wachheit geworfen und möchtest zurück in den Schlaf, du weißt nicht mehr, ob sie dir helfen oder dich umbringen oder, wenn sie das nicht wollen, schon nicht mehr anders können, als dich umzubringen –

Bis du dich in einer verglasten Kabine wiederfindest, wo du dich noch mehr beobachtet fühlst, ausgestellt, ausgeliefert, isoliert, eingesperrt, an unsichtbaren Ketten in einer Zelle auf einem schmalen Hocker, im Gefängnis, im Kerker, und besser wird nichts in deinem elenden Luftkampf, es gibt keinen Fluchtweg mehr ohne Luft, du bist allein, ganz kümmerlich allein –

Eine fremde Stimme befiehlt dir, in einer bestimmten Weise zu atmen, ein, aus, ein, aus, du versuchst es, aber du hast nichts zu atmen, ein, aus, ein, aus, du versuchst es, aber da ist nichts zu atmen, die Stimme wiederholt unerbittlich den Befehl, auf Befehl kannst du nicht atmen oder nicht richtig atmen, du siehst dich ertrinken in der Luftlosigkeit, siehst dir selber zu beim Verlöschen der Atemzufuhr –

Es ist dir, als werde dein letztes bisschen Luft abgesaugt und mit der Luft auch das Empfinden abgetötet und mit dem Empfinden auch die Sprache entzogen, als versinke die Sprache mit jedem Keuchen ins Leere zwischen Atem und Nichtatem –

Das ist der Moment, in dem du dich aufgibst, du kannst nicht mehr, du weißt, du wirst nicht durchhalten bis zum nächsten Ufer, du merkst selber, dass du nun aufgibst, deinen Körper aufgibst und loslässt, der dir wegkippt, abwärts oder seitwärts oder aufwärts kippt –

Es stellt sich kein Bild mehr ein, keine Erkenntnis, keine Frage, der Raum ist geschrumpft auf eine Armlänge, die Zeit zerbröselt, was eben noch Linie war, wird zum Punkt, und du registrierst das ohne Trauer, ohne Selbstmitleid, und es kommt auch kein Licht irgendwoher –

Du bist nur ein bisschen enttäuscht, dass nicht mehr Überraschung geboten wird am Ende des Lebens, nichts Spektakuläres, nichts Unerlebtes, nichts Altvertrautes, nichts wirklich Neues, kein Lebensfilm, nur das Gefühl des langsamen Sinkens in einem unsichtbaren klapprigen Fahrstuhl immer tiefer in den Schacht und das Gefühl der Lächerlichkeit des Erstickens –

Das ist der Moment, in dem dich die Neugier verlässt auf das, was noch kommt, du bist nicht einmal neugierig auf das, was war, auf deine Erinnerungen, auch nicht die unvergesslich schönen, selbst für einen kleinen Orgasmus reichen die Hirnströme nicht mehr, so schwach, einsam, verloren warst du nie im Leben und kannst das nicht einmal laut beklagen, niemandem vermitteln, im Ohr nur die Atembefehle wie ein höhnisches Echo deiner Atemnot –

I can't bear it anymore, plötzlich ist dieser Satz im Kopf, und du murmelst ihn vor dich hin, leicht verwundert und doch überzeugt von seiner formelhaften Richtigkeit, während der noch nicht ganz verstummte Selbstkritiker in dir in diesen letzten Minuten oder Sekunden gern wissen würde, ob das ein Zitat ist aus einem Song, einem Film, einem Shakespeare-Stück oder nur die banalste Banalität –

Ein letzter Funken Neugier, ein letzter Funken Lebensneugier, aber du weißt es nicht, du wirst es nicht mehr herausfinden, auch das wird dir egal, es wird dir alles egal, niemand hört dich sprechen, nur du selbst sprichst mit dir: I can't bear it anymore, I can't bear it anymore –

Bei jeder Wiederholung wunderst du dich, warum du auf Englisch stöhnen musst, du hast noch nicht völlig vergessen, dass du ein auf die deutsche Sprache versessener Mensch bist, ein Wortmensch, aber deine Sprache scheint zu verlöschen, scheint vor dir zu sterben, du kannst dich mit den letzten Resten deines Bewusstseins nur wundern, wie absurd das ist, jetzt in einer fremden Sprache dein Leben auszuhauchen –

In besserem Zustand hättest du lachen können über diesen deutschen Schriftsteller, der am Ende kein deutsches Wort mehr herausbringt, dessen Sprache an Sauerstoffmangel eingeht, dessen sprachliche Anstrengungen so schlaff verwehen und nur noch für fünf englische Vokabeln reichen, für eine schlappe Formel –

Aber das Erschrecken über den Ernst der Erfahrung, keine Luft mehr zu bekommen und keine Aussicht auf mehr Lungenluft zu haben, lässt jeden Gedanken verkümmern –

Du hast keine Kraft mehr, eine andere oder vielleicht bessere kurze Formel für deine Lage zu finden als I can't bear it anymore, weil es nicht mehr um die Formel geht, nur noch um den Hauch, um das Verlöschen, in die Einsicht ins Verlöschen, in dein Einverstandensein –

I can't, das Leben schnurrt auf diesen einen Punkt zusammen, I can't, schon bist du beim Aushauchen, bist am Ende, einsamer nie gewesen, das ist dir klar zwischen dem vergeblichen Stöhnen, dem vergeblichen Luftschnappen, und als hättest du deine und jede Sprache nun ganz verloren und nur noch ein paar Silben zur Verfügung, sinkst du immer tiefer in eigene Stimmlosigkeit hinab –

Und wiederholst, immer leiser und leiser werdend und dich selbst dabei beobachtend, nur noch diesen einen Satz wie ein letztes Gefecht, ein letztes Gedicht, ein letztes Gebet, ein letztes stimmloses Gestöhn: I can't bear it anymore, I can't bear it, I can't –

So zieht es dich in die Tiefen oder trägt dich dahin, trägt dich weiter und weiter –

*

Wochen später, als alles vorbei ist, erklärt dir dein Arztfreund, dem du am meisten vertraust und der nicht an diesem Krankenhaus arbeitet, aber sich ständig informierte, dass man nach gut einer Woche Koma einen Luftröhrenschnitt hätte machen müssen, um die Stimmbänder zu retten, doch ein junger, wenig erfahrener Stationsarzt wollte dich schon direkt und ohne solchen Schnitt aus dem Koma holen und ohne Entwöhnung zum normalen Atmen zwingen am zehnten Komatag, eine Extubation, die dich völlig überforderte und fast zu Tode brachte, «als hätte man dich aus dem siebten Stock geworfen», weshalb man dich, den fast Erstickten, zum Entsetzen aller wieder zurück ins Koma schicken und den Atemschlauch wieder durch die Luftröhre würgen musste zur Reintubation und den Luftröhrenschnitt am vierzehnten Komatag zu spät machte, bevor du dann am achtzehnten Komatag aus dem Schlaf geholt wurdest und die Phase des Entwöhnens vom Atemgerät und des allmählichen Erwachens folgte –

*

Aus der Stille, aus der noch bildlosen, blinden Stille heben ferne Stimmen an –

Du merkst, du liegst irgendwo im Dunkel und allein –

Einen Rausch ausschlafen und noch nicht wach werden wollen, nicht wach werden können –

Woher die Stimmen, es sind fremde Stimmen, du bist weder im Schlaf noch wach, nicht schläfrig genug und nicht wach genug, aber bereit, in irgendeiner Art Erwachen zu landen –

Wo bist du angekommen, jedenfalls nicht zu Hause, du liegst in welcher Dunkelheit auch immer, es gibt kein Rückwärtserinnern und kein Vorwärtsdenken, nur ein Fließen von Stimmen, und aus den Stimmen wird eine Stimme, die näher kommt und deutlich wird –

Ich halt es nicht mehr aus, ich halt es nicht mehr aus, hörst du eine Frau jammern –

Was ist das für eine Unterwelt, eine Krankenwelt, eine Klagewelt –

Ich halt es nicht mehr aus, ich hab viel zu lange auf einer Herdplatte gelegen, ich musste dauernd auf einer Herdplatte liegen, man hat mir die ganze Haut verbrannt am Hintern, am Rücken, nach einer Herzoperation im Virchow-Krankenhaus haben die Ärzte mich viel zu lange auf einer Herdplatte schmoren lassen, es tut mir immer noch alles weh, man hat mir die inneren Organe verbrannt, überall Schmerzen hab ich, überall, nicht übertrieben, überall, und deshalb bin ich jetzt hier –

So ähnlich hörst du die Stimme einer älteren Frau aus einem Nebenraum oder vom anderen Ende des Raums, in dem du liegst, immerhin ist dir klar, dass du liegst, immerhin die Bequemlichkeit zu liegen zwischen Schlaf und Nichtschlaf, du liegst am Rand irgendwo, du kannst die Frau nicht sehen, sie macht viele Pausen in ihren Sätzen und wiederholt einzelne ihrer Worte im gleichen unerträglichen Jammerton, nichts davon interessiert dich, du willst mit der Banalität ihrer Schmerzen nichts zu tun haben, nichts davon geht dich an, es ist düster und stickig, kein Licht sickert ein in den finsteren Raum, in dem man immerhin liegen darf –

Auch du scheinst, falls du kein Toter bist in einem Wartesaal, ein Kranker zu sein, reglos in Kissen, du weißt nicht, was du hier verloren hast, du weißt nicht, ob das, was du mit schwachen Sinnen wahrzunehmen versuchst, ein Wachen oder ein Schlaf ist, Abschied oder Ankommen, Stillstand oder Bewegung, ob du dich vorwärts bewegst oder rückwärts, in deiner Nähe eine geschäftige Person, Pfleger oder Pflegerin vielleicht, die du nur hörst und nicht siehst –

Man hat dich abgeladen in einem Zwischenreich, reglos, schmerzlos, gedächtnislos, abgestellt in einem Vorhof von etwas Neuem, Unbekanntem, du bist jedenfalls noch nicht am Ende einer langen Reise, einer langen Flucht, du willst nur deine Ruhe haben, aber niemandem gelingt es, die lästige, die alles beherrschende Stimme dieser Frau abzustellen –

Die lässt nicht nach mit ihrer Schimpfrede, eine Berlinerin, wie man hört, die sich mitten in ihrer Klage sogar mit Namen vorstellt, Frau Schlösser mein Name, die allen oder nur dir ihre Geschichte mit der Herdplatte aufdrängt und immer, wenn du denkst, endlich wieder schlafen zu können in diesen zäh vergehenden Stunden, ihre bis zum Überdruss bekannte Geschichte in einer neuen Variante wiederholt im gleichen, schwer erträglichen Klageton: Ich halt es nicht mehr aus –

In der Nacht, die auch ein Tag sein könnte, in der Unendlichkeit deiner von düsteren Phantasien begleiteten Nacht geht es der Frau immer schlechter, die Pfleger und Schwestern sind ständig bei ihr und versuchen, sie zu beruhigen, du hörst die Stimmen, die dich nicht schlafen lassen, hörst das Gefiepe von Maschinen und den Lärm medizinischer Geschäftigkeit, es sind alles nur Hörbilder, die da ineinander übergehen, ein Hörspiel, das sie dir aufdrängen –

Du musst mithören, wie Frau Schlösser erbricht, dann sehen deine geschlossenen Augen einen Pfleger, der wie zum Realitätsbeweis einen Eimer mit dem Erbrochenen nah an dir vorbei trägt, und du erkennst einige mit Kotze verschmierte Geldscheine, während der Pfleger in vertraulichem Ton sagt: Die Scheine sind alle gefälscht –

Immerhin, man weiht dich ein, man nimmt dich wahr, man respektiert dich und deine Zurückhaltung, du hast nichts zu tun außer zu liegen und auf den nächsten Schlaf oder die nächste Abwechslung zu warten, bist einverstanden mit deiner offenbar unvermeidlichen Passivität, es scheint da auch Schläuche und Kabel zu geben um dich herum und Maschinen, die immer wieder fiepen und blinken –

Du bildest dir ein, in der Mitte eines Saales zu liegen, du weißt nicht, wohin die Bettenreise geht, du kennst hier niemanden, du weißt nicht einmal die Schwellen von Nacht zu Tag und Tag zu Nacht zu unterscheiden, auch wenn du nicht schläfst, ist Nacht, es ist immer Nacht, und es bleibt dir nur, dich abzufinden mit allem, es gelingt dir nur nicht, dich abzufinden mit den allgegenwärtigen, mehr oder weniger lauten, lästigen, aufdringlichen Stimmen –

Nach einem neuen Schub Schlaf ist schon wieder Nacht, es riecht aus der Ferne nach Erbrochenem und muffiger Luft, ein randalierender Mann wird eingeliefert, volltrunken, lärmend, plappernd, schreiend, er weckt dich, lässt dich nicht weiterschlafen, irgendwann wird klar, dass er der Mann von Frau Schlösser ist, die beiden zanken fortwährend –

Auch weil er seine Freundin mitgebracht hat, eine blonde, sehr junge Frau, die seine Enkelin sein könnte und ein Baby von ihm in einem Tragetuch mitschleppt, du siehst diese Menschen alle nicht, kannst das aber schließen aus den Vorwürfen und Streitdialogen, die Freundin gibt zu, Herrn Schlösser ins Krankenhaus geschickt zu haben, weil sie sich von ihm trennen und noch am Nachmittag zu einem Freund nach New York fliegen will –

Der Familienkrach wird laut ausgetragen im Krankenzimmer, die drei fallen sich ständig ins Wort, du kannst den Schimpflärm nicht abstellen, du kannst nicht mal bei den Pflegern um Ruhe bitten, du hast keine Stimme und wunderst dich nicht mal darüber, du kannst nicht schlafen, es tut dir im Kopf weh, den Streit mithören zu müssen in allen Einzelheiten, die schmerzenden Stimmen sind einfach nicht abzustellen –

Als die Frauen etwas Ruhe geben, rückt der Mann mit seinem Bett immer näher, so kommt es dir vor, als werde er noch aggressiver und lauter, er röchelt, er hustet, er ringt nach Luft, er spuckt, dann klagt und jammert er wie ein Kind, schließlich versucht er, einen Pfleger zu bestechen, damit der ihn rauslässt aus dem Krankenhaus, du bist so nah dran, dass du das geflüsterte

Angebot mithörst: Ich habe vierhunderttausend, sagt er, mein ganzer Besitz, die Hälfte davon ist für Sie, wenn Sie mich laufen lassen –

Der Pfleger bleibt sachlich, auch bei den anderen Pflegern hat er keinen Erfolg, nach und nach gelingt es ihnen, Herrn Schlösser etwas zu sedieren, der sich jedoch weiter, wenn auch in leiserem Ton, beschwert, dass er als gesunder Mann gegen seinen Willen im Krankenhaus ist, nur weil er ein bisschen getrunken hat, und hier wie im Gefängnis gehalten und gefesselt wird, und immer mehr stört es dich, dass alle Aufmerksamkeit des Personals auf ihn und seine Familie gerichtet ist –

Obwohl du niemanden siehst, merkst du, dass das Zimmer noch voller wird, jemand erklärt dir, die Ärzte hätten beschlossen, auch Herrn Schlössers weitere Verwandtschaft und seine Freunde herzubitten, um ihn zu beruhigen, es werde vielleicht turbulent, aber das müsse sein, wir bitten um Ihr Verständnis, sagt er –

Aber was hast du mit all diesen Leuten zu tun, warum zerrt man dich neben die Schlösser-Familie, fragst du dich, schon musst du mithören, wie einer, der Schlössers Freund und Schwiegersohn und Geschäftspartner und zugleich sein Diener ist und Ali heißt, beschwichtigend und säuselnd auf ihn einredet, du hörst, wie er sagt: Ich bin's, Ali, dein bester Freund, immer hab ich zu dir gehalten, du warst wie ein Vater zu mir, ich hab dir immer vertraut, jetzt vertrau du mir, lass dich gesund machen von den Ärzten, tu bitte, was die sagen, dann wird alles wieder gut –

So ähnlich redet auch seine Frau auf ihn ein, die nun nicht mehr über ihre Verbrennungen klagt, so ähnlich sprechen die anderen Männer mit ihm, so ähnlich versucht auch seine Freundin zu argumentieren, und nun merkst du, welches Spiel hier gespielt wird, sie alle wollen den Alten ausbooten –

So langsam begreifst du, dass man in diesem Haus der Kranken für deine Unterhaltung sorgt, du hast keine Stimme, du hast kein Fernsehen, keine Geräte außer Fiepmaschinen, du bist ein Blinder geworden, aber deine Ohren funktionieren, und so wird dir ein ganz banaler Gangsterfilm geboten, ein Film, den du nur zu hören kriegst, man spielt dir was vor –

Vielleicht ist es auch kein Film, vielleicht spielen oder sprechen diese Schauspieler hier live nur für dich, du siehst sie nicht, du liegst vielleicht in einem Radiostudio, und all diese Figuren gibt es nur deinetwegen –

Schon spielst du mit, bist mittendrin und greifst mit deinen Mitteln ein und machst aus dem Hörspiel einen echten Film, führst ziemlich hilflos die Regie und arbeitest gleichzeitig als Kameramann, Tonschieber, Requisitenbastler und Drehbuchautor, nun auf der Suche nach einem ordentlichen Schluss –

Und das alles, ohne zu sprechen, weil dir ein Schlauch im Hals steckt, ohne einen Ton zu sagen, dir fällt nicht einmal auf, dass du die ganze Zeit schweigst, während du an diesem Film bastelst und ihn dir selber vorführst –

So lernst du nach dem Hören das Sehen wieder, jetzt siehst du die ganze Bande, die du vorher nur gehört hast, da sitzen, die Freunde, auch Ali, gehören zu einer Gruppe von Geldfälschern, Schlösser ist der Chef, den sie loswerden wollen, und wegen der Umstände mit ihm haben sie ihren Flug nach New York schon um ein paar Stunden verschoben, einen Teil der Geldscheine sollte Frau Schlösser in ihrem Magen in die USA schmuggeln, die Verbrennungen waren nur vorgetäuscht, auch die Freundin muss jetzt in Behandlung, weil sie Geldscheine geschluckt hat zur falschen Zeit, die ganze Runde wird nervös, hat Angst vor der russischen Mafia, will möglichst schnell nach Tegel zum Flughafen, die Männer gehen einzeln, es fällt der Satz: Ein toter Russe schadet nur –

Du siehst dich im Bett liegen, in weichen weißen Wartekissen, Schlösser verlangt zu trinken, die Pfleger wissen, dass er abends nur Urin von Frauen trinkt, der ihm wunschgemäß in einem Glas serviert wird, im Hintergrund die Geräusche des Spülens von Nachttöpfen und Bettpfannen, und neu gestärkt gelingt es dem Mann, sein Bett zu bewegen Zentimeter für Zentimeter, während deine Angst wächst, dass er nach und nach näher rückt, dich bedroht und seine Wut an dir auslässt, wenn er merkt, dass seine Familie und seine Freunde ihn verraten und verlassen haben –

Du siehst dich im Bett liegen und verstehst, dass du nicht ausweichen kannst, bist im Bett an Schläuche gefesselt, du kannst dich nicht einmal mit Worten wehren, deine Stimmbänder sind völlig stimmlos, jetzt erst entdeckst du, keine Sprache mehr zu haben, du weißt in wachsender Angst vor deiner eigenen Hilflosigkeit nicht, ob sie dir die Zunge wegoperiert haben und ob du je wieder sprechen kannst, ob du je wieder mit der Hand schreiben kannst –

Du hast keine körperlichen Schmerzen, du hast nur den Schmerz der fortlaufenden Stimmen und den Bilderschmerz, der sich aus den lästigen Stimmen speist, es ist schlimm genug, dass du in einem Raum mit diesem Irren bist, dazu das leichteste Opfer für einen, der seine Wut auf die Ärzte, auf die Frauen, auf die falschen Freunde loswerden will, du suchst den Rufknopf und findest ihn nicht, dann rubbelst du so lange auf dem Blutdruck- und Pulsmesser am Zeigefinger herum, bis eine Schwester kommt und deine Gesten richtig versteht und dich beruhigt, der Mann neben dir komme gar nicht raus aus dem Bett, und das Bett bewege sich auch nicht –

Doch die Stimme des aufgebrachten Herrn Schlösser bleibt so bedrohlich nah am Ohr, dass du lange nicht auf den Gedanken kommst, dein Glück zu begreifen, dass die Frau dich verstanden hat, dass nach all dem Getöse um diese seltsame Bande überhaupt jemand sich dir zuwendet und dich versteht –

Die Schwester erzählt, dass die Boulevardpresse von der Geldfälscherbande im Krankenhaus Wind bekommen hat und das ganze Gebäude von Reportern und Fotografen umstellt ist, sie lässt die Jalousien herunter, spannt Schutztücher gegen Kameras, man sperrt die Tiefgarage ab, du kannst an einem Monitor das Geschehen verfolgen, nun wieder mitten im Film, siehst krimitypische Autofahrten vor der Tiefgarage, Eindringlinge, die gestoppt werden, Zeitungsleute, die sich Arztkittel umlegen, Türschleusen passieren und dann doch erwischt und rausgeworfen werden –

Das ganze Personal ist eingespannt, wuselt durch die Räume und über die Monitore, das Live-Ereignis ist auf den Bildschirmen schon zum Film geworden, allen ist klar, dass Schlösser der gescheiterte Chef einer großen Bande ist, das Krankenhaus fürchtet um seinen Ruf, es geht um Diskretion, Schweigepflicht und die für die Dreckskerle der «Bild» anrüchige medizinische Versorgung eines Kriminellen, man will nicht in die Schlagzeilen kommen, und die Schwester sagt: Wenn bis fünf Uhr morgens nichts über den Bandenchef nach draußen gelangt, ist Redaktionsschluss und die Gefahr erst mal vorbei –

Die Lage wird schwieriger, weil am frühen Morgen vor dem Krankenhaus gestreikt werden soll, Streikende und Zeitungsleute und Menschen in Kitteln stehen durcheinander, ihre Parolen sind nicht zu verstehen, sie drohen über die Tiefgarage ins Krankenhaus einzudringen, einzelne Reporter haben es schon geschafft, doch plötzlich ein Gongschlag, es ist fünf Uhr und der Spuk vorbei, und du bewunderst das tüchtige Personal, das Schlösser schützt und pflegt, der alle beschimpft und ein wirklich unsympathisches, fettes Schwein ist, das nun auch noch rührselig und wehleidig wird –

Am Ende des Films, falls das schon das Ende ist, wird klar, dass die Bande sehr dilettantisch gearbeitet hat und am Flughafen festgenommen wurde, einer nach dem andern, du siehst deutlich in den Frühzeitungen die fetten Schlagzeilen über das, was du gerade selbst erlebt, vielleicht sogar erfunden hast –

Nach einer kurzen Nacht oder vielen langen Schlafstunden ruckt der Film noch einmal los und will dir erzählen, Schlösser sei ein falscher Name, der Mann sei früher zu DDR-Zeiten ein etablierter Autor gewesen namens Zornow oder so ähnlich, bekannt für ein Buch mit dem Titel «Der Acker von Meuselwitz», das kann nicht stimmen, denkst du nach einer Weile, noch während der Film diese Geschichte aufblättert und die Kamera über Ackerfurchen schwenkt, Meuselwitz gehört zu Wolfgang Hilbig, du musst auf der Hut sein, man will dich schon wieder täuschen –

Dieser Mann, obwohl schwer betrunken wie Hilbig oft betrunken war, kann unmöglich Hilbig sein, eher ein Parteimann wie Hermann Kant, vielleicht hieß das Buch auch «Der Acker von Zernikow» oder doch «Der Acker von Zornow», es soll den «Birnen von Ribbeck» ähnlich sein, du versuchst deinen Bettnachbarn nach seinem Buch zu fragen, er scheint dich Sprachlosen zu verstehen, auch das ist verdächtig –

Er weicht aus, er sei Schlösser und sonst niemand, behauptet dann aber, früher der Segellehrer von Paul Gompitz aus dem «Spaziergang von Rostock nach Syrakus» gewesen zu sein, der ihm in Gager auf Rügen, im Greifswalder Bodden das Segeln beigebracht habe, ohne ihn wäre der nie nach Syrakus gekommen, bei der nächsten Nachfrage weicht er wieder aus und sagt, er sei nur ein schlichter Immobilienmann und habe ein paar neue Häuser im Mönchgut zu bieten, ob du ihm nicht ein besonders schönes Haus abkaufen wolltest im südlichen Rügen –

Deine Angst vor ihm schwindet, auch der Schmerz, den die Schlösserstimmen auslösen, allmählich stellt sich das wohlige Gefühl ein, einen Krimi live miterlebt und am Ende noch einen verdächtigen Vereinigungsgewinnler erwischt zu haben und alles nur aufschreiben zu müssen, eine Szene nach der andern, die Story und alle Details vor Augen bis zu den ausgekotzten Geldscheinen, die Geschichte erscheint dir fertig wie ein großes Stück Schinken, den man nur fein anschneiden müsste, eine Scheibe, eine Einstellung nach der andern –

Obwohl du nie einen Krimi schreiben wolltest, diesen bräuchtest du nur aus dem Gedächtnis abzuschreiben als erster Augenzeuge und Ohrenzeuge der Handlung, wozu bist du Schriftsteller, einmal solltest du die Sehnsucht der Leute nach schrägen Verbrechern bedienen, Geldfälscher ziehen immer, hier liegt alles bereit, du döst im Krankenhaus und wirst mit einem ergiebigen Stoff beschenkt, den du sicher hast und exklusiv, sogar der Titel für den Thriller oder die Gaunerkomödie fällt dir ein: *Ein toter Russe schadet nur* –

Du freust dich über den Titel, du möchtest loslegen, aufbrechen in deine Welten, trotzdem hast du nicht das Gefühl, am Leben zu sein, auf welche verquere, komische Weise auch immer, aber auch nicht, tot zu sein, auf welche unterhaltsame Weise auch immer, du bewegst dich durch lauter Fiktionen, an denen du irgendwie mitstrickst, die deine Hirnkamera erweitern und steuern kann, du siehst einen dreidimensionalen Film und dich gleichzeitig aktiv als Autor und schweigende Randfigur dieses Films –

Im Kopf so frei und der Körper so passiv, behindert zu sprechen, zu gehen, zu handeln, den Kopf zu heben, Objekt deiner Schläuche und Subjekt deiner Phantasien, du spürst nicht einmal deine eigene Schwere, die Beine, die Arme, die Füße, nicht das Gewicht deines

Körpers in den Kissen oder des Bluts in den Adern, als hätte sich der Körper schmerzlos von dir verabschiedet –

Und dir bliebe nur dieser vielbeschäftigte, bildwütige, bilderabspulende Kopf, es blieben die Ohren, die belästigt und verhöhnt werden von den zu lauten Echos der mal näheren, mal ferneren Stimmen, und es blieben die Augen, die, vom grellen Neonlicht geblendet, sich schließen und sich öffnen im Zwielicht, es bliebe das Staunen über all die Schläuche und Maschinen, deren Sinn dir nicht klar wird –

Da tauchst du lieber wieder ab aus dem wacheren Bewusstsein und sehnst dich in deinen Film zurück, in die Durchsichtigkeit einer simplen Handlung, bei der es unwichtig ist nachzudenken über die Stufen, die gleitenden Übergänge vom Phantastischen zum Realen und umgekehrt, und ob die kleinen Wachheiten vielleicht nur geträumt sein könnten –

Herr Schlösser oder Herr Zornow stört dich nicht mehr, er hat Geburtstag, und auch dein Geburtstag soll nachträglich gefeiert werden in der Station, das Personal will euch beiden zusammen ein großes Fest organisieren, viel Verwandtschaft und Freunde von Schlösser und von dir werden erwartet, doch die Gäste müssen einzeln in einem Mini-Hubschrauber des Heeres der Bundeswehr herbeitransportiert werden, zwischendurch hat der Hubschrauber Gäste des berühmten «kleinsten Hotels der Welt» neben der Feuerwache in der Suarezstraße in der Stadt abzuladen –

Du kannst durchs Fenster sehen, wie der Hubschrauber im Hof des Krankenhauses landet und eine Person aussteigen lässt, wieder in die Luft steigt und nach einer Weile zurückkehrt mit einer Person, mal nach fünf Minuten, mal nach viel längerer Zeit, die ganze Aktion zieht sich hin, drei, vier Stunden, und noch längst sind nicht alle Gäste da, während die, die schon da sind, in einem Nebenraum warten müssen, und, weil sie nichts anderes zu tun haben, «Happy Birthday» proben, bis es allen zu viel wird und die Ungeduld wächst –

Das Personal möchte euch mit viel Aufwand etwas Gutes tun und will auf weitere Gäste warten, du weißt, dass deine Frau, deine Töchter, dein Bruder seit Stunden im Nebenraum sind und endlich zu dir wollen, du willst sie ebenfalls sehen und wirst immer wütender, dass man euch weiterhin trennt –

Als es endlich losgehen soll mit der Feier, heißt es, jetzt müsstest du erst einmal gewaschen und ordentlich angezogen werden, du wehrst dich dagegen, willst endlich den Geburtstag feiern und deine Leute sehen, aber sprachlos, hilflos, machtlos wie du bist, waschen sie dich lange und ziehen dich umständlich an, es dauert und dauert, dann heißt es, obwohl dich immer noch eine Magensonde ernährt, die dir so wenig bewusst ist wie die anderen Schläuche und Sonden, die dein Leben erhalten: Frühstück muss sein, jetzt erst mal frühstücken, man lässt dich allein frühstücken –

Danach gibst du der Schwester zu verstehen, dass die Deinen jetzt endlich reinkommen könnten, der Geburtstag ist dir längst gleichgültig, du möchtest nur deine Liebsten sehen, sie aber sagt trocken und schnöde: Die kommen doch immer erst abends zu Besuch, und du bist bitter enttäuscht, die stundenlange Hubschrauber-Aktion war eine Schikane, du fühlst dich übel betrogen, und während du gewaschen und angezogen wurdest und frühstücken musstest, wurde Herr Schlösser wieder mal bevorzugt und durfte kurz mit seinen Leuten feiern, sogar etwas Eis essen und einen Schluck Sekt trinken –

Es ist das Liegen, das endlose Liegen, das dich quält und dir deine Jämmerlichkeit vorführt, es ist das Warten auf das, was die andern mit dir machen und was du nicht verstehst, irgendwas geschieht mit dir, und du musst es auch nicht verstehen, du hast ein gewisses Vertrauen in die Gestalten, die sich um dich kümmern, deren Stimmen du hörst und die du kaum siehst oder zu sehen dir nur einbildest, es könnte alles eine Phantasie sein und gleichzeitig die wacklige Realität endlosen Dämmerns und des Schmerzes an der Leere viel zu langer Nächte, jede Nacht länger als vierundzwanzig Stunden –

Es trägt dich dahin, trägt dich weiter und weiter, bis neue Bilder rechts und links und über dir vorbeiziehen und sich langsam ins Verständliche formen –

Erwachend im hohen kalten Norden Skandinaviens, du liegst geschützt in einem angenehm möblierten Bunker, dick eingepackt von allen Seiten gegen die Kälte, stellen sich wohlige Gefühle ein, je weniger du dich rührst, desto besser belebt sich dein Körper, du merkst, da sind Beine irgendwo, da liegen Arme an deiner Seite, da ist ein Brustkorb, aber du bist allein in dem Raum, in der Nähe Leute, die nach dir schauen, du liegst in einem Schacht unter einer Wetterstation auf einer bewaldeten Halbinsel –

Obwohl du dich in einem Gewölbe unter der Erde befindest, kannst du nach draußen sehen, den Nadelwald von unten durch das Wurzelgeflecht, einen See auf beiden Seiten, in der Ferne Dörfer oder Städte, flache nördliche Landschaft, da ist noch kein frisches Grün an Bäumen und Büschen, das ist nicht deine Kinderlandschaft, du bist hier nicht zu Hause, dies ist nur eine Zwischenstation –

Oben werden Wetterdaten ermittelt, unten fühlst du dich warm eingepackt wie auf dem Balkon eines Sanatoriums, neben der Wetterstation führt ein Laufpfad entlang, auf dem Marathonläufer unterwegs sind, du hörst das Trappeln endlos vieler Schritte über dir, du liegst schwebend in einer Höhle, die vielleicht ein geräumiges Grab sein könnte, du weißt es nicht, du weißt nur, dass da oben ein Marathonlauf stattfindet und die Läufer fast über dich hinwegrennen, was dich nicht besonders stört: Das Leben läuft weiter –

Der Gedanke an ein Grab ist irgendwie unerwünscht, deshalb will man dich woanders hinbringen, aber du musst lange warten, wieder eine endlose Geduldsprobe, bis es Morgen wird und ein Hubschrauber dich abholt, du wirst in die Luft gehoben und kommst doch bald darauf mit einem Boot an einem Steg vor einem Hotel in Finnland an, in dem sich Kennedy und Chruschtschow 1962 oder 1963 getroffen haben, wie du zu wissen meinst, um Frieden zu schließen –

Jetzt wird es lustig, endlich wird es lustig, denkst du, als man dich im «kleinsten Hotel der Welt» begrüßt, und du fragst dich, ob es schon bei dem historischen Gipfeltreffen so klein war, denn der Platz hätte für einen dicken Mann wie Chruschtschow nicht gereicht, oder ob inzwischen die Architeken alles radikal verkleinert haben, aber darauf gibt man dir keine Antwort, auch die Sätze des Personals sind kurz und abweisend oder gar nicht zu hören –

Ein schönes weißgestrichenes Holzhaus mit drei Stockwerken auf der Grundfläche von zwei normalen Betten, nur etwa vier Quadratmeter, die Rezeption und die Inneneinrichtung sind in einem bestimmten Maßstab verkleinert, die Treppen sind Leitern, im Bett kann man nur hocken oder quer liegen, auch die Tage sind verkleinert und haben viel weniger Stunden –

Um mit allen Fächern und sonderbaren Verkleinerungen umzugehen, gibt es einen Umrechnungsschlüssel, über den man dich beim Einchecken aber nicht informiert hat, weshalb du mit vielem nicht zurechtkommst und vieles unbequem ist, doch das Personal hilft dir nicht, weicht aus, macht Andeutungen, die du nicht verstehst, du liegst schlecht, starrst auf sonderbare Uhren an der Wand, die nur zehn oder sieben Stunden anzeigen, Bilder bewegen sich innerhalb ihrer Rahmen, Schatten, die nicht in Innenräume gehören, verwirren dich –

Das Hotel ist nur für zwei Gäste gebaut, der andere ist schon wieder der laute, unangenehme Herr Schlösser, der gescheiterte Chef der Geldfälscher, er sitzt am Nebentisch mit seinem Diener Ali, beide merken nicht, dass du ihnen zuhörst, sie reden viele Stunden miteinander, so kommt es dir vor, Schlösser markiert den Angeber und Erfolgreichen, stolz darauf, der Polizei entkommen und in Sicherheit zu sein, Ali, der sich nun Unternehmensberater nennt und dem russischen Mittelstand bei Geldumrechnungssystemen und Währungsmanipulationen hilft, ironisiert seinen Chef und horcht ihn aus, der nicht merkt, dass er längst nicht mehr der Chef ist –

Du fragst dich, was du hier oben im Norden in dem originellen, aber unbequemen Hotel zu tun hast, nichts, du musst auch nicht mehr im Bett liegen, dir fällt ein, dass du eigentlich in das Krankenhaus in Berlin gehörst und mit deiner Frau dort verabredet bist, du ahnst, wie sie erschrecken wird, wenn sie dein leeres Bett sieht, du willst, du musst sofort zurück –

Aber für einen geschwächten Menschen, der nicht sprechen kann, ist es eine endlose Anstrengung, aus dem Hotel abzureisen, das geht nur am Computer mit einer Tastatur, winzig wie alles andere, schwer zu bedienen für deine Finger, auf der du unter anderem die Stunden deiner Anwesenheit eintragen musst, aber da der Tag hier weniger Stunden hat als üblich und dir die hier gültige Zählweise nie erklärt wurde, kannst du nur raten, du versuchst es auf gut Glück mit der 33, das klappt nicht, dann mit der 38, und tatsächlich darfst du nun das Hotel verlassen –

Was mutet man dir da immer wieder zu, einem zum Liegen und zum Schweigen verurteilten Patienten, jetzt sollst du von der abgelegenen finnischen Seenlandschaft in kürzester Zeit, bis siebzehn Uhr nach Berlin kommen, du grübelst und wirst müde vom Grübeln und spürst sogleich ein Erwachen und kannst, wieder im Bett liegend, aus dem Fenster schauen und siehst Doppeldeckerbusse an einer Endhaltestelle neben Kastanienbäumen, du kannst dein Glück nicht fassen, die Fahrtziele am Oberdeck und die Farbe der

Busse machen dir klar: das sind Berliner Busse, du bist schon in einem Vorort von Berlin, dein Ziel ist nicht mehr weit –

Du bist stolz auf diese logistische Leistung, das Hotel ist offenbar während deines kurzen Schlafs von Finnland an den Stadtrand von Berlin umgesetzt worden, aber das soll noch geheim bleiben, du hast nun ein wenig mehr Platz, kannst immer noch nicht sprechen und schreiben und versuchst mit unendlich viel Mühe einer Hotelangestellten irgendwie klarzumachen, dass du so rasch wie möglich in deinem Krankenhaus sein musst, weil dort deine Frau auf dich wartet –

Wenn Sie jemand abholt, dann hier, sagt die strenge Frau und setzt dich in einen Rollstuhl und verspricht, im Krankenhaus anzurufen, du wartest, wartest geduldig, es wird von dir erwartet, weiterhin den hilflosen Gast des kleinsten Hotels der Welt zu spielen, du beobachtest Herrn Schlösser beim Frühstücken am Nachmittag, er hat offenbar nicht gemerkt, dass er wieder in Berlin ist, er nimmt Brötchen, Butter, Käse in Miniportionen zu sich, auch Geschirr und Besteck sind verkleinert, die Tassen wie aus der Puppenküche –

Dein Rollstuhl im Gang, nah am Eingang, du findest heraus, dass das Hotel in einer Nebenstraße der Clayallee liegt, du wirst ungeduldig, beschwerst dich laut, dass keiner dich abholt, es ist ja nur ein Kilometer bis zum Krankenhaus, darauf erklärt dir die strenge Angestellte oder Schwester, dass du bereits im Krankenhaus bist, es sehe hier vieles ähnlich aus wie im Hotel, das im Stockwerk über dir eingebaut sei, und nun erkennst du dein Krankenzimmer –

Deine Frau, da steht sie und strahlt, spricht dir gut zu, küsst deine Stirn, hält deine Hand, erzählt, wie oft sie in den letzten Tagen hier gewesen sei, was du meistens gar nicht gemerkt hättest, während du ihr unbedingt erzählen willst, wie sehr du dich angestrengt hast, pünktlich zu sein nach dem langen Ausflug in Finnland und der Versetzung des Hotels nach Berlin und wie eng es war in dem komischen Haus, aber du kannst nichts erzählen, gar nichts von deinem Stolz auf deine enorme Leistung, da zu sein, wo du bist, du hast keine Stimme und verstehst nicht, warum du so stimmlos bist –

Es hat dich so viel Kraft gekostet, dem Reigen deiner Erlebnisse zu entkommen, die für dich keine Träume sind, im Schweben zwischen Erwachen und Absinken festen Boden zu finden, die Wanderschaften deines Gehirns ein wenig zu steuern, um die sofortige Verlegung des Hotels von Finnland an den Stadtrand zu ermöglichen –

Um pünktlich zu sein bei eurer Verabredung, hast du viel tun und kämpfen müssen, du rechnest es dir als Verdienst an, nach den Abenteuern deiner Phantasie wieder den Weg gefunden zu haben in das, was du für

Realität hältst, weil deine Halluzinationen kein Ende haben wie ordentliche Träume, die beim Erwachen Erleichterung auslösen, dass sie nur Träume waren, nichts ist mehr fassbar, und das wenige, was dir klar scheint, hättest du gern deiner Frau mitgeteilt und kannst ihr nun überhaupt nichts mitteilen, dein Misserfolg macht dich traurig und schläfrig, du verstehst nicht, warum du hier liegst und alles so schwierig ist –

Doch es ist aufregend, auf einer Station zu sein, über der sich das kleinste Hotel der Welt befindet, das für Japaner und US-Bürger die große Attraktion im neuen Berlin geworden ist, es steht schon in allen Reiseführern, Luxusgäste lassen sich im Kleinhubschrauber vom Flughafen Tegel oder von der Feuerwehr aus der Suarezstraße heranfliegen, du hörst ständig Hubschraubergeräusche, selbst auf deiner Station siehst du überall Werbeschilder und Hinweise auf das nun weltberühmte kleinste Hotel der Welt –

Das Hotelpersonal scheint mit den Pflegern identisch zu sein, eine besonders freundliche Schwester ist gleichzeitig Hotelchefin, sie erzählt dir, das Hotel sei jetzt etwas größer geworden und wegen der Geburtstagsfeier für dich und Schlösser hätte man die Japaner vor ein paar Tagen umquartiert –

Ein Pfleger, der sich als ehemaliger Profi von Hertha BSC zu erkennen gibt, erklärt dir, dass die Geschichte mit dem kleinsten Hotel der Welt nur ein Spiel war oder ein Test auf deine Reaktionsfähigkeit und du das Spiel sehr gut mitgespielt und dafür eine sechsfache Auszeichnung und einen Gutschein verdient hättest, doch er will nicht verraten, was für ein Gutschein und was für eine Auszeichnung –

Du bist enttäuscht, dass das Hotel nur ein Phantasieprodukt sein soll, aber dann beweist dir der Gutschein das Gegenteil, er steht für eine Übernachtung im echten kleinsten Hotel der Welt, im Stockwerk über dir, und nach all deinen Abenteuern und Strapazen hast du den Wunsch, dort einmal ohne alle Interventionen der Phantasie zu nächtigen, das Original zu erleben, die Realität kennenzulernen und zu überprüfen, ob das, was du vielleicht geträumt hast, mit den wirklichen Details übereinstimmt –

Endlich den wilden Bildern entfliehen und den Augen wieder trauen, wenn du schon im Kerker der Stimmlosigkeit und der Sprachlosigkeit zu bleiben hast –

Am Abend lässt du dir in dem Hotel oben ein Zimmer geben, das Bett ist schmal und sehr unbequem, du kannst nicht schlafen, aber neben dem Bett sind künstlerische und literarische Objekte aus den sechziger und siebziger Jahren aufgebaut mit kleinen Zeitschriften, die noch mal verkleinert sind, du brauchst nur den Arm auszustrecken und findest hier frühe «alternative»-Hefte mit deinen Gedichten von 1963, den ersten Verlagsalmanach «Das kleine Rotbuch» von

1973, Oswald Wieners «Die Verbesserung von Mitteleuropa», eine Gebrauchsanweisung für linguistisch-logische Sprache, Schriften zur Digitalisierung, Maschinen und Broschüren aus dem Haus Nixdorf, all diese Drucksachen beweisen dir, dass es dies komische kleine Hotel wirklich gibt –

Alles spannend, aber zum Lesen ist es zu dunkel, das Bett zu kurz, zu hart und fürchterlich, du kommst nicht zum Schlafen, die ganze Nacht nicht, es ist alles eine Quälerei, eine schmerzende Wachheit, ein süßer, lauernder Wahnsinn, du sehnst dich zurück in dein bequemes Krankenbett, in aller Frühe hörst du schon das lärmende Personal und die japanischen Frühaufsteher, die der Hubschrauber einzeln nach Tegel oder in die Stadt bringt, man lässt dich die ganze Nacht lang keine Minute schlafen, so kommt es dir vor, nie wieder das kleinste Hotel der Welt –

Alles sehr konkret, du bist also in der Realität gelandet, möchtest gern glauben, in der Realität gelandet zu sein, aber zum Anfassen, zum Greifen ist das auch nicht, alles nur Kulissen, die weiter und weiter wachsen –

Da taucht das Bild deiner Frau auf, die dir zulächelt, und die besorgten Gesichter der Töchter, aber du willst nicht schon wieder von deinen Phantasien getäuscht werden, ermattet wie du bist von der Flüchtigkeit und Unzuverlässigkeit der Sinne und beschämt von deiner

Hilflosigkeit, für die du nicht mal eine Stimme hast, nicht mal ein Röcheln kommt aus den stillgelegten Sprechwerkzeugen, es bleibt nur ein Nicken oder Drehen des überforderten Schädels für ein Ja oder Nein –

In deinem Bett, ans Bett gefesselt, wie es so brutal heißt, die Fesseln sind unsichtbar, an allen Gliedern zu spüren, du weißt nicht, was da passiert ist mit deinen Beinen, Füßen, Armen, dass du so lange liegen musst und immer wieder hineingezogen wirst in das endlose Kreisen von Bildern im Kopf, du weißt nicht, warum du hier bist und nicht einmal fragen kannst nach dem Warum, weil es nach diesen lästigen, schmerzenden Bildfolgen kein Erwachen gibt, es ist nur klar, dass du länger bleiben musst auf dieser Station oder auf dem Totenbett mit all der Geschäftigkeit um dich herum –

Du wirst in einen neuen Bildertunnel gezogen, es dauert eine Weile, bis du die veränderte Geschäftigkeit um dich herum verstehst –

Zwei altlinke Filmer von Radio Bremen arbeiten an einer Dokumentation über dich, führen Gespräche mit dir über die Zeit bei Wagenbach und bei Rotbuch, über dein Jahr in London und die Studentenbewegung, endlich eine Abwechslung –

Bei den Filmaufnahmen kannst du reden wie gewohnt, die Journalisten sind auf gute Weise wissbegierig, und du bist selber überrascht, wie viel du zu erzählen hast aus der Vergangenheit und wie die Szenen von damals deine Eitelkeit kitzeln und wie du dich freust über jeden Erinnerungsfaden –

Sie haben schon viel Material gesammelt, bringen aus Radio-Archiven verschiedene O-Töne mit, sie spielen dir eine unbekannte Rede von Willy Brandt vor, in der er dich beschimpft, «dieser junge Mann aus Rom» hebt er an und korrigiert sich dann, «dieser junge Mann aus London» und redet sich in Rage –

Du verstehst sofort, warum Brandt sich so aufregt, Anlass ist das kleine Parodiegedicht gegen die Große Koalition, das du 1966 aus London an die «Zeit» geschickt hast, «Brandt, es ist aus, wir machen nicht mehr mit», und während du seiner Schimpfrede zuhörst, fühlst du dich geehrt, dass der dich überhaupt wahrgenommen hat –

Die Filmer lotsen dich immer tiefer in deine Vergangenheit und auf ihre zurückhaltend bremische Art loben sie dich dafür, durch deine frühen Jahre halbwegs aufrecht, mutig und ohne größere ideologische Verirrungen gekommen zu sein, diese Komplimente klingen wie ein Nachruf, doch das stört dich nicht, vielleicht ist ja ein Nachruf fällig, es stört dich nur, dass das Filmprojekt irgendwie zerfranst, vielleicht weil es dir zu gut gefällt, vielleicht weil du dir darin zu gut gefällst –

Um den Film zu retten, begibst du dich selbst mit den Augen als Kameraaugen auf lange Fahrten in die Tiefen der Erinnerung, gleichzeitig bist du überall dabei, neben den beiden Journalisten, beim Drehen, Schneiden und Betrachten deines bunten Lebensfilms –

Mehr und mehr drängt sich deine Tante N. in das Projekt, die ein Musical über deine mütterliche Familie und deren entfernte königliche Vorfahren verfassen möchte, nun aber, weil sie zu wenig über die Familie weiß, sich auf dich und deine Rolle in der Familie konzentriert und Teile des Films der Bremer übernimmt oder schon übernommen hat, während die Bremer ihr Projekt schleifen lassen oder politisch gebremst werden –

Die Tante scheint bei dieser Arbeit jünger zu werden, sie ist eifrig dabei, viele deiner Freunde und Bekannten anzusprechen und zu interviewen, du siehst das von weitem, von deinem Bett aus, kannst aber nicht hören, was sie über dich sagen und in die Mikrophone sprechen, kannst dich nicht einschalten, da du weiterhin stimmlos und sprachlos bist –

Du hältst diese Tante für nicht kompetent, über dich einen Nachruf zu schreiben oder einen Film zu produzieren, doch die Bremer sind aus politischen Gründen aus dem Spiel, und sie hat das Heft in der Hand, arbeitet nun auch mit einer Theaterfrau zusammen, einer verlassenen Freundin von dir, die dir immer noch heftig grollt und ganz wild auf solch ein Musical ist, beide wollen damit groß rauskommen, es geht um ihren Erfolg im Kulturbetrieb, nicht um dich –

Es kommt dir vor, als seien beide Tag und Nacht recherchierend und interviewend unterwegs, auch ständig mit Ärzten und Schwestern redend trotz Schweigepflicht, du kannst sie von weitem beobachten, du wunderst dich, wie frei sie sich bewegen dürfen auf der Station und in den Nebenräumen, es ist bedrohlich, dass das Personal mehr mit ihnen redet als mit dir, der endlich verstanden hat, dass er auf einer Intensivstation liegt und vor allem Ruhe braucht –

Zum Glück springt die Theaterfrau wieder ab, mit einem Projekt über dich und deine Familie will sie dann doch nichts zu tun haben, dafür hebt sich noch stärker die Stimme der Tante hervor unter all den Stimmen auf der Station, die deine Ruhe, deine Erholung stören, es sind zu viele Stimmen und zu viele Leute um dich herum, die unaufhörlich miteinander plaudern und schwatzen und sich gegenseitig die Maschinen erklären –

Es empört dich, dass die Tante so offen und forsch an deinem Nachruf arbeitet, da du doch noch am Leben bist und sie manchmal sogar bei ihrer Arbeit beobachten kannst, du hast ja Verständnis, dass Nachrufe meistens vor dem Ende des mit einem Nachruf zu ehrenden Menschen produziert werden, aber doch nicht so ungeniert im Sterbezimmer, es scheint dir durchaus möglich, beinah selbstverständlich, in einem Sterbezimmer zu liegen –

Du hörst zu viele Stimmen, wenn du einschlafen möchtest, zu viele, wenn du aufwachst, die größte Bedrohung geht aber von einer Stimme aus, die du der Tante zuordnest und vor der du dich immer stärker ängstigst, du verzweifelst, du nimmst dir vor, deiner Frau und den Ärzten zu sagen, dass die emsige Tante auf keinen Fall mehr herkommen darf auf die Station, aber wenn du das sagen willst, spürst du wieder nur, wie gelähmt deine Stimmbänder sind, und sie spaziert munter auf der Station herum und bastelt an dem Nachruf in jeder Nacht, die du schläfst, und an jedem Tag, in dem du vor dich hindämmerst –

Man merkt, dass du dringend etwas mitteilen möchtest, und gibt dir ein Schreibbrett mit Zettel und Stift, doch es wollen dir keine Buchstabenstriche, die zusammenpassen, keine Kreise gelingen, alles schief und unklar, nicht mal den Anfangsbuchstaben des Namens der Tante kannst du schreiben, und bald hat die Hand keine Kraft mehr, den Stift zu halten, du gibst auf und sinkst zurück –

Es könnte sein, dass alles nur Träume sind, was du da erlebst, aber dann müsstest du auch mal den Traum haben aufzuwachen, doch du wachst nie richtig auf, du merkst kaum einmal, dass du nur in den nächsten Traum gesunken bist und in neuen Verwirrungen landest, bleibst verstrickt in der Ausweglosigkeit der Träume und ihrer Tücke, sich als stabile Realität in den Gewölben deines Bewusstseins festzusetzen –

Wenn du versuchst, die gerade erlebten, phantasierten Geschichten zu behalten, weil sie erstaunlich bizarr und kostbares Material sind, möchtest du sie gleichzeitig vergessen, doch dann tauchen sie in anderer Form wieder auf im Strom und Gegenstrom der Bilder, in der Gleichzeitigkeit des erinnerten und des geträumten Lebens –

Es gibt kein Maß mehr für die Zeit, die viel zu langsam vergeht, Tage und Nächte sind eins, du steckst in einer andauernden, vielschichtigen, mal heller, mal dunkler erscheinenden Nächtlichkeit, die phantasierten und die im Schwachbewusstsein erlebten Zeitabschnitte passen nicht zueinander, du hast keine Übersicht, hast keine Kraft, du schaffst es nicht, die Zeit neu zusammenzusetzen und Orientierung zu finden –

Auch die Räume haben ihre Koordinaten verloren, ein Raum geht wandlos in den nächsten über und kann sich in jede Richtung ausdehnen oder schrumpfen wie im kleinsten Hotel der Welt, du weißt nicht mehr, was dein Raum ist, du weißt nur, dass du in einem Bett liegst und schwebst irgendwo in der Mitte aller Wahrnehmungen, im Zentrum der schattenhaften, ungreifbaren Dinge, ein Bett, das ein Krankenbett sein könnte oder ein Totenbett oder ein Sargbett mit Aussicht in alle Richtungen –

Oder ein Boot gemächlich über die Wellen schippernd, auf den Wellen des Halbbewussten ziellos voran durch die Rätselhaftigkeiten der Nacht treibend, die ein Tag ist, durch den Tag, der ein Schlaf ist, der in wüstem Durcheinander Bilder und Bilder mit der eigenen Kopfkamera produziert und herbeischiebt, Bilder, die sich verflüchtigen, und Filme in Gang setzt, die reißen, und Erinnerungen aufschließt, die dich in weiche Tiefen hinabziehen oder ans Ufer neuer Nächte –

Es trägt dich dahin, trägt dich weiter und weiter in neue Bildertunnel, in denen du dich erst einmal neu orientieren musst –

Was für ein guter Zustand, einfach nur zu liegen, und was für ein besserer Zustand, kein Bett im Rücken zu fühlen und auf einmal wieder laufen zu können, langsam noch, aber ohne Stock und andere Hilfsmittel, du gehst allein durch eine Stadt, ein Fluss ist in der Nähe, die bekannte Brücke, der Neckar, Heidelberg, leider an einer lauten, vielbefahrenen Straße, in einem großen Gebäude lockt eine Ausstellung über studentische Verbindungen seit zweihundert Jahren sowie Gilden und Zünfte seit fünfhundert Jahren, das interessiert dich sonst wenig, aber die Straße ist dir zu laut, also die Flucht ins Museum –

An Schautafeln wird gezeigt, wie in allen größeren Gruppen, Zünften, Gilden und anderen Verbindungen sich nach einer gewissen Zeit stets ein Drittel der Mitglieder abspaltet und neue Gruppen und Vereine gründet, fast immer die besseren, fortschrittlicheren Leute mit den abweichenden Meinungen und freiheitlichem Drang, eine Art demokratische Zellteilung, das stimmt dich heiter, es erwacht eine naive soziologische Neugier in dir, endlich, denkst du, hast du das Wesen der Demokratie verstanden –

Ein historischer Saal folgt, die Wände voll mit Wappen und Insignien der Zünfte und studentischen Verbindungen, mit silbernen Schalen, Schüsseln und Pokalen, teils demoliert, teils mit Abbildungen aus dem Vereinsleben, alles ziemlich langweilig, dieser Saal macht dich müde, hier sind fünfzig historische Stühle mit Seilen zusammengebunden, das soll die Verbindung symbolisieren, das soll eine Installation sein, doch das ist dir egal, du bist müde und legst dich auf die Stühle zum Schlafen –

Als du aufwachst, begrüßt dich eine Schwester, die Aufseherin oder Kuratorin dieser Ausstellung ist, sie freut sich, dass du so lange und so fest geschlafen hast, du kannst dich nicht freuen, du merkst, du hast in die Hose geschissen, wie peinlich, aber sie macht dich sauber, als gehöre das zu ihren Aufgaben oder in diese Ausstellung, du gehst weiter in den Saal nebenan, vollgestopft mit Bildern und Objekten bezogen auf Handwerksburschen und arme Studenten im neunzehnten Jahrhundert, wie sie kampierten, logierten im Dreck, wie schlecht die Ernährung war und wie sie trotzdem ihre freiheitlichen Versammlungen hielten auch in schweren Zeiten –

Die Straße draußen ist zu einer Schnellstraße geworden, der Lärm schwer zu ertragen, du kannst immer noch nicht sprechen und versuchst der freundlichen Frau klarzumachen, dass du so schnell wie möglich in Berlin sein musst, was sie versteht, sie kümmert sich, es bietet sich der ICE an, und sie verhandelt mit Berlin und mit der Bahn, ob du einfach in den Zug gesetzt und in Berlin am Bahnsteig abgeholt werden kannst in deinem Zustand oder ob sie dich begleiten soll –

Und wieder hast du Glück, du brauchst keine stundenlange ICE-Fahrt, ein Wimpernschlag genügt, und die Stühle, auf denen du so gut schläfst, stehen in einem Haus in der Nähe von Berlin, in Blankenfelde oder Birkenfelde bei den Eltern des Freundes deines Neffen, die Eltern sind beide Ärzte oder Pfleger und unterhalten hier eine Filiale deines Krankenhauses, du bist an einem sicheren, angenehmen Ort bei freundlichen Leuten und fast in Berlin –

Die Betreuerin ruft deine Frau an, um ihr zu sagen, wo du bist, und sie zu beruhigen, alle in Berlin sind glücklich, dass du wieder da bist und schon fast am richtigen Ort, du wartest darauf, abgeholt zu werden,

Stunde um Stunde vergeht, während immerzu das Klassik-Radio läuft, irgendwann ruft die Betreuerin im Sender an und steckt den Leuten dort die Nachricht, dass du, lange verschwunden und vermisst, wieder aufgetaucht bist, und bietet ihnen für kommenden Sonntag ein Interview mit dir an, obwohl du ja gar nicht sprechen kannst, bis Sonntag werde das schon –

Doch das Klassik-Radio wird dir und ihr immer lästiger mit endloser Werbung und Eigenwerbung, halbstundenlang bis zur Unerträglichkeit, bis fast keine Musik mehr zu hören ist, und die Hausherrin sagt: Ich wechsel jetzt zum Deutschlandradio, sonst gibt es ja nichts –

Im wieder neuen Erwachen Schübe von Klarheit, dies ist dein Krankenhaus, dein Bett, es gibt gewisse Routinen, Gesichter, die wiederkehren, du staunst über das Weiß der Bettdecke, das Weiß der Zimmerdecke, die Wand gegenüber mit Fächern, die Flaschen mit Leitungen zu deinen Armen, zum Hals, über Apparate rechts und links, mehr oder weniger regelmäßig fiepend, surrend, tickend, vertrauenswürdig und doch rätselhaft, wie viele Zahlen, Kurven, Töne diese Maschinen vierundzwanzig Stunden am Tag deinetwegen auswerfen –

Mal eine, mal zwei Schwestern, die sich an dir zu schaffen machen, mal ein Arzt, mal zwei Ärzte, die weiße Geschäftigkeit der Kittel, die hellgrüne oder blaue Geschäftigkeit der Pflegerinnen und Pfleger, du verstehst allmählich, dass die alle deinetwegen hier sind und dass dein Leben angeschoben wird durch all diese Menschen und die Schläuche, Kanülen, Tropfe, Monitore und Maschinen, aber du begreifst nicht, wie du dich in einen Kranken verwandelt hast und warum du eigentlich hier bist und so viel Aufwand nötig ist –

Du wirst öfter wach, ohne richtig wach zu sein, und dann steht wieder deine Frau rechts am Bett und eine der Töchter und du hörst, wie sie dir mit langsamen, klaren Worten zusprechen, wie sie sich freuen, dass du sie zu verstehen scheinst, du bemerkst, mit wie viel Mitleid sie dein Nichtsprechenkönnen beobachten, deine vergeblichen Lippenbewegungen, deine stille Wut über die erzwungene Sprachlosigkeit und die Scham, ein absoluter Nichtskönner zu sein, der allen anderen so viele Umstände macht –

Du hast keine Antworten, bist unfähig zu antworten und schämst dich all deiner Unfähigkeiten, kannst mit dem Kopf nicken oder ihn mühsam ein bisschen nach links oder rechts drehen, hast keine Stimme mehr, hängst an mehreren Tropfflaschen, an einem Schlauch mit Sauerstoff am Hals unter dem Adamsapfel –

Zum ersten Mal der Wunsch zu fliehen vor all diesem Neonlicht, dem Lärm der Station, dem Weiß der Zimmerdecke und der Wände, dem Weiß der Bettdecke, der Kittel, dem metallischen Weiß der Geräte, zu fliehen vor deinem Röcheln, vor dem anhaltenden Elend der Stimmlosigkeit –

Deine Stimmbänder, so kommt es dir vor, sind eingetrocknet und zusammengefaltet, nicht mehr zu gebrauchen, aber hell glänzend und mit einer Schleife oben zusammengebunden, das sieht schön aus, aber ohne Stimmbänder möchtest du nicht leben, wann kommen die Schläuche weg, überlegst du, vielleicht darfst du die Stimmbänder irgendwann wieder benutzen, dann muss jemand die Schleife lösen, sie von der Schleife befreien, damit sie den Rachenraum rundum umschließen und sich langsam aneinanderlegen, anfeuchten und allmählich wieder zu gebrauchen sind, so träumst du dir die verzweifelt vermissten Stimmbänder zurück –

Du verstehst überhaupt nicht, weshalb du hier gelandet bist, manchmal fällt das Wort Koma, du hättest viele Tage im Koma gelegen, das besorgt dich nicht weiter, zwei, drei Nächte, das könnte sein, aber zwei, zweieinhalb Wochen im Koma, das kannst du nicht glauben, da verstehst du was falsch oder die andern verstehn da was falsch –

Eher schrecken dich das Wort Luftröhrenschnitt und das Wort Intensivstation, beide haken sich fest im Kopf und lassen dich grübeln, welchen Grund es geben mag für deinen Aufenthalt hier, welcher Unfall dich hergeführt hat, du bist doch gestern erst oder vorgestern auf dieser langen, endlos langen Rolltreppe nach oben gefahren neben blauen Kacheln –

Bis du dich erinnerst, dass du umgekippt sein könntest, ja, wie du umgekippt bist auf der Straße, war es nicht die Suarezstraße, ja, die Suarezstraße, war es nicht vor einem Antiquitätenladen, ja, Antiquitätenladen gleich neben der Feuerwehr, ein kurzer Weg für den Rettungswagen, aus eigener Blödheit wegen ein bisschen Kreislaufschwäche einfach umgekippt, Drehschwindel, und jetzt hier im Koma oder nach dem Koma zwischen all den Maschinen, was heißt überhaupt dies komische Wort Koma, nah bei Kobra, Koala, Cola, was hast du deiner Frau damit angetan, den Schreck um dein Leben bis in ihre Augen gejagt wie jetzt die Freude über dein Weiterleben –

Langsam beginnst du zu ahnen, wie sie und die Töchter gebangt und gelitten haben an den Folgen des blöden und unnötigen Umkippens und der Krankenhaustage, du musst dich unbedingt bei ihr, bei ihnen entschuldigen für das, was du ihnen da angetan hast mit deinem dummen Umkippen –

Wieder erfassen dich die Gezeiten des Wachens und Träumens und schicken dich in einen neuen Bildertunnel, wieder besiegt dich die Müdigkeit, und du erwachst aus der Bewusstlosigkeit deiner Nacht in einem Schlafwagen, der nicht fährt, sondern, wie du nach und nach begreifst, mitten in einer großen Ausstellung zwischen anderen Wagen und Gegenständen steht, die mit der Bahn zu tun haben, in einer Etage des Museums der Deutschen Bahn, direkt neben dem Frankfurter Hauptbahnhof –

Die Schlacht von Solferino, Florence Nightingale, die Gründung des Roten Kreuzes und die Anfänge der Schlafwagenkultur, so der Titel einer Sonderausstellung in diesem Museum, und du liegst in einem prächtigen Ausstellungsstück, kannst aber nicht aus dem Bett steigen, weil du nach langem Schlaf nicht allein stehen kannst, willst auch gar nicht aufstehen, weil du sehr bequem liegst in deinem Schlafwagenbett –

Immer wieder gehen Besucher durch die Reihen der Wagen, Signale, Prellböcke, Bahnhofsschilder, Stellwerkhebel, Schaffnerpuppen und schauen nicht nur deinen Wagen, sondern auch dich an wie ein Ausstellungsstück, du findest das alles erheiternd und bleibst geduldig, nur das Museumscafé in einer hinteren Ecke, wo es Kleinigkeiten zu essen gibt, weckt den Wunsch, aufzustehen und endlich etwas Gutes zu essen –

Ein freundlicher, stark hessisch sprechender Pfleger namens Olli, gleichzeitig Aufseher in der Ausstellung, schaltet an einem Gerät herum und erklärt: Ich gratuliere Ihnen, alles wird gut, und ich bin weiter für Sie da, eine Ärztin tritt neben ihn und sagt dir, wie sehr sie sich freut, dass du jetzt durch bist, und unterhält sich mit Olli über einen Kollegen, der etwas Wichtiges bei deiner Behandlung falsch gemacht habe, was nun korrigiert sei, sie reden lange über Arztfehler, der Kollege sei entlassen und werde nun eine Stelle im Saarland annehmen –

Eine weitere Pflegerin kommt herbei und gratuliert, alle sind sehr erleichtert, deine Entlassung wird vorbereitet, Olli holt Sekt, und in der Ecke, im Museumscafé, hörst du deine Frau und deine Töchter beratschlagen, wie sie dich am besten begrüßen, du wünschst sie alle herbei, bleibst aber geduldig, du weißt, jetzt wird alles gut –

Du kannst dich nicht durch die Ausstellung bewegen, aber dein Blick zoomt vieles scharf heran, so entdeckst du eine Wand zum Thema Schokolade essen in der Eisenbahn, das interessiert dich, eine tolle Idee, der Pfleger schiebt sogar auf deinen Wunsch den Schlafwagen näher an die Wand, dort, zeigt er dir, hängt hinter Glas ein längerer Liebesbrief, den du geschrieben hast vor langer Zeit und der von Schokolade handelt und, zumindest in einem Satz, vom Schokoladeessen in der Bahn –

Kein schlechter, kein peinlicher Brief, das erleichtert dich sehr, nur ohne Anrede, du weißt einfach nicht, ob er einst an deine Studentenliebe gegangen ist oder an deine erste Frau, an eine verlassene kurzzeitige Gefährtin oder an deine jetzige Frau, den Brief, erklärt der Pfleger Olli, hätten deine Töchter irgendwo gefunden und ihm für diese Ausstellung gegeben, beide warten im Hintergrund im Café, mit dir sprechen zu können, machen fröhlich Faxen für dich und winken –

Die Vorbereitungen zu der Begrüßungsfeier ziehen sich hin, deine Frau huscht einmal heimlich bei dir vorbei, wirft dir eine Kusshand zu, ihr dürft nicht sprechen, Mimik und Gesten sind erlaubt, du siehst ihr an, sie freut sich wie du, bald wieder zu zweit zu sein, in der Wohnung und mit Berührungen, die diesen Namen verdienen, und mit richtigem Essen, dir läuft das Wasser im Mund zusammen bei der Aussicht auf gutes Fleisch und Rotwein, doch du musst weiter warten und geduldig sein, bald hörst du keine Stimmen mehr, den Sekt haben andere getrunken, und du musst eine weitere Nacht liegend aushalten –

Du spürst deine Hilflosigkeit und zugleich die ungeheure, unablässige Aktivität, die Schwerarbeit deiner Sinne, Tag und Nacht sind eins in den wechselnden Kulissen der Phantasieschübe, jedes Dämmern wird von Bildern begleitet, du meinst, beim Fühlen, Sehen, Hören und endlosen Träumen in Hochform zu sein, während gleichzeitig die Artikulation dir verboten ist, das schmerzt und macht wütend –

Erst einmal sollst du schreiben lernen, man gibt dir Kugelschreiber und Papier und eine Schreibunterlage, es gelingen nur wacklige Linien, Gekrakel, beulige Kreise, kein Buchstabe, und anstrengend ist es trotzdem für die Hand, Finger und Daumen haben nicht die Kraft, den Stift so festzuhalten, wie es nötig wäre –

Erst nach weiteren Tagen und weiteren Übungen und mit Filzstiften schaffst du drei, vier schiefe Buchstaben eines Wortes, bis auch das zu viel wird, ES IST ZU KOMPIZ, das Wort kompliziert will nicht gelingen, du musst aufgeben, weil kein Satz entsteht und den andern nicht klar wird, was du dringend mitteilen und fragen wolltest: Die Tante N. soll nicht mehr kommen, warum bist du hier, wo bist du umgekippt –

Üben, üben, üben und von dem Ziel träumen, wieder Buchstaben an Buchstaben setzen zu können, bis du schief und mit lauter Fehlern ein wenig schreiben kannst, und irgendwann gelingen dir sogar nicht ganz so krakelige Buchstaben für die wichtigste Frage: WARUN BIN ICH HIER? –

Deine Frau versucht dir Ungläubigen, der immer noch an die Ursache Drehschwindel denkt, wieder und wieder zu erklären, dass die Lunge dein Problem war und dein Leben in Gefahr gewesen ist seit dem Geburtstag und alle um dich gebangt hätten während zweieinhalb Wochen Koma, und dass jetzt seit den Tagen deiner Halluzinationen und Halbwachheiten alles besser werde –

Das überrascht dich, das kommt dir absurd vor, du erinnerst dich nicht an Lungenprobleme, dir fällt nur das alte Lutherlied dazu ein, *Mitten wir im Leben sind mit dem Tod umfangen,* mitten in einem Krankenhaus schwirrt das wie selbstverständlich durch den Kopf und stimmt dich fast heiter, von der Lunge hast du nichts gewusst, du bist nur voller Traumbilder und könntest behaupten: es ist alles anders, als ihr denkt, der Tod ist ein Fest der flüchtigen Bilder, ein Fest der Phantasie –

Bilder und Filme als Ausgleich für das erzwungene Schweigen, für die Nachteinsamkeiten, für die stehenden Stunden, wenn man sich weder durch Sprechen noch durch Nichtsprechen, noch durch geschriebene Buchstaben verständlich machen kann, all die Kränkungen der Stummheit aushalten muss, und du nimmst dir vor, wenn du lebendig aus diesem Krankenhaus herauskommst, eine Stiftung zu gründen für besseres Verstehen der sprachlosen und schreibuntüchtigen Patienten, eine Art Seelsorge für nichtkirchliche Leute, die doch auch Seelsorge brauchen –

Allmählich wird alles Routine, bestimmte Messungen, Kontrollen, Waschungen, Visiten unterbrechen die stockenden Stunden, schon bildest du dir ein zu wissen, was Halluzinationen sind und was Realität, aber dass diese Realität oft auch nur dein Phantasieprodukt ist und du nur zwischen den verschiedenen Schichten des Bewusstseins hin- und herpendelst, das kommt dir nicht in den Sinn –

Solange die lauten Stimmen des Pflegepersonals auf den Fluren oder in deiner Nähe in die Träume und Phantasien eingebaut und gruseligen Figuren zugeschrieben werden, dass man ständig der bedrohlichen, mal mehr, mal weniger vorrückenden Front der Stimmen ausgesetzt ist, solange man auch im halbwachen Zustand immer hört, was man gar nicht hören will, unaufhörliche Gespräche der Schwestern, Pfleger und Ärzte, die sich über ihr Wochenende, ihren Alltag austauschen und teilweise unterschiedliche Meinungen über deine Behandlung haben oder über einen unerfahrenen Arzt sprechen, der irgendetwas falsch gemacht haben soll, und über die Behandlung der Atemmaschine, ständig muss jemand einem andern die Funktionsweise der Maschine erklären, an der du hängst, an der, wie du allmählich begreifst, dein Leben hängt und gehangen hat für längere Zeit –

Aber man sollte die vielen guten Leute hier auch ehren, Pflegerinnen oder Schwestern, freundlich, kompetent, pragmatisch, die hätten eigentlich ein Denkmal verdient oder besser Auszeichnungen und Aufwertungen, überlegst du, bevor du entdeckst, dass gerade sie, die dich hier betreut und wäscht, genau solch eine Urkunde schon hat, die über deinem Bett hängt, Nurse of the Year 1968, es freut dich, dass man die Leistungen dieser Frauen nicht vergisst, wenn auch 1968 nicht stimmen kann wegen des Alters, irgendwas stimmt schon wieder nicht –

Immer noch sprachgelähmt und verärgert stimmlos wegen des Schlauchs am Hals hörst du eines Nachmittags deine Stimme, deine eigene Stimme vom CD-Player, was für ein Fest, was für eine Offenbarung, den Modulationen deiner aufgezeichneten Stimme zu folgen, deine Frau hat eine gerade erschienene CD mitgebracht, «Die Minute mit Paul McCartney», gesprochen von dem, der nun nicht mehr sprechen kann –

Zum Lachen die Texte, zum Weinen das Hören, es gibt sie noch, deine Stimme, als hättest du nach dem Entgleisen all deiner Sinne und Möglichkeiten wieder auf die Spur gefunden, da ist die Stimme wieder, gespeichert, heiter, lebensgierig –

Die Rührung greift auf Schwestern und Ärzte über, die zum ersten Mal deine Stimme vernehmen, der Witz der Texte zündet sogar in diesem weißen Maschinenraum, ein Tag des Lächelns und Lachens auf der Intensivstation, ein Festtag für alle –

*

Plötzlich ist der Schlauch am Hals weg und deine Stimme wieder da, tiefer krächzend und kläglich, jemand lässt dich sprechen üben, was für ein kümmerliches

Menschenwesen bist du geworden mit deiner Eselsstimme, aber die Wochen des erzwungenen Schweigens sind vorbei, du wirst zu Übungen verpflichtet, erst einmal sollst du atmen lernen, durch die Nase tief ein, durch den Mund langsam und so lange wie möglich aus, das hört sich so einfach an und ist doch so anstrengend, einen eigenen Atemtakt zu finden, und doch so erleichternd, von keiner Erstickungsangst mehr angefasst zu werden –

Trinken und Essen musst du auch wieder lernen, nachdem sie dich von den Nahrungsschläuchen befreit haben, und trotzdem hast du mit der Kränkung zu kämpfen, wieder ins Leben zurückgerufen zu werden, zurückkehren zu müssen aus der Wärme des Bettes und der Passivität, des Sichtreibenlassens zwischen den Bilderströmen und der Rundumversorgung zur Banalität der kindischen Bewegungen, den Löffel halten, den Becher zum Mund führen, sitzen lernen, dann selbständig sitzen, dann die Beine aus dem Bett strecken und baumeln lassen, wie schwierig ist das körperliche Leben, man spricht so verdächtig sachlich von verschwundener Muskelmasse –

Zurück in die Vertikale, was für ein kümmerliches Menschenwesen bist du geworden, wie anstrengend ist das Sitzen, wie müde sind die Beine, wie kraftlos die Arme, wie ungelenk die Finger, dann sollst du stehen lernen, gehen lernen, drei Schritte gehen lernen, vorsichtig sprechen, atmen lernen, gut gestützt drei

Schritte gehen, sollst dich für die Stupidität der Gymnastik begeistern –

Die Nächte werden kürzer, die Tage länger und die endlosen Wartestunden, aber je wacher du wirst, desto mehr erschrickst du über dein verrücktes Gehirn, das dir die Familie Schlösser, die Tante, das kleinste Hotel, Heidelberg und alles nur vorgegaukelt hat, desto verzweifelter siehst du, wie klein deine Fortschritte sind, siehst die Endlosigkeit dieser Wiederaufrichtungsarbeit, die Stimmschwäche, die Schreibschwäche, die Stehschwäche, die Gehschwäche, die Atemschwäche –

Zuversicht wächst aus den wiederholten Ermunterungen der strahlenden Frau, des Arztfreundes, des Bruders, der glücklichen Töchter, die Schokolade und Bananen mitbringen: Es geht viel besser, du siehst immer besser aus, du hast es geschafft, Ärzte und Pfleger sagen das auch, aber bei denen bleibst du misstrauisch, die müssen das sagen, Ermuntern gehört zur Routine, hilft bei der Heilung, aber noch mehr helfen deine Sehnsucht nach Pasta, Gulasch, Rotwein, Obst, nach Frühlingswind, kräftigem Sauerstoff, salziger Seeluft und dem Computer und die Sehnsucht nach richtigen Berührungen –

Der Chefarzt bedauert, das Virus, mit dem alles anfing, habe sich nicht mehr identifizieren lassen, weil es durch das Antibiotikum unkenntlich gemacht worden sei, und verabschiedet dich mit feierlich nüchternen

Worten nach dreieinhalb Wochen aus der Intensivstation, wo du von so vielen Menschen gerettet, gepflegt, umsorgt und geheilt wurdest, von einem aber fast zu Tode gebracht worden wärest, wie dir erst später der Arztfreund erklärt, ehe dich die anderen, denen du dankbarer bist als du sagen kannst, wieder gerettet, gepflegt, umsorgt, geheilt haben –

*

Sechs Tage wirst du in ein normales, enges Zweibettzimmer gesteckt, vorbei ist es mit deiner exklusiven Rolle, jetzt heißt es üben, üben, üben, Treppenstufen steigen üben und essen, was aufs Tablett kommt, die öde und verblödende Krankenhausexistenz provoziert deine Lebenslust –

Bevor du in eine Rehaklinik kutschiert wirst in ein Waldstück bei Wandlitz, das einst den Beherrschern der DDR vorbehalten war, wo du, *Auferstanden aus Ruinen und der Zukunft zugewandt*, vier Wochen lang die üblichen Übungen absolvierst, die üblichen Spaziergänge gehst, die üblichen Krankengeschichten hörst und Tag für Tag den Reigen deiner endlosen Halluzinationen aus dem Gedächtnis in allen Details aufschreibst, die von den Ärzten, wie du inzwischen gelernt hast, Delir genannt werden –

Und wundersamerweise ohne bleibende Behinderungen, ohne die Koma-Nebenwirkungen kognitiver Schäden, ohne Alptraumschocks, depressive Abstürze und dauerhafte delirante Verwirrungen nach Hause geschickt wirst und von all den Fremdworten aus den Arztbriefen wie Pneumonie, respiratorische Insuffizienz, Intubation, Tracheotomie, Critical Illness, Polyneuropathie, SIMV-Beatmung und CPAP-Beatmung und Weaning und so weiter nichts wissen und nichts mehr hören willst –

Und lernst, aufgefangen von deinen Lieben, wieder lachen, auch über dich selbst: dass du doch nicht so staatstragend bist, am Tag deines fünfundsechzigsten Geburtstages dich ins Koma schicken zu lassen und aus dem Leben zu schwinden, um dem Staat die kleine Rentenzahlung zu ersparen –

Und, wieder am gewohnten Schreibtisch, noch nicht wissend, nur ahnend, wie nah du der absoluten Stimmlosigkeit und dem völligen Verstummen gewesen bist, meldest du dich in einer Rundmail bei den Geburtstagsgästen, von denen die einen vor zweieinhalb Monaten in letzter Minute wieder ausgeladen worden waren und die anderen an der geschlossenen Haustür gestanden hatten, und bei weiteren Freunden, Freundinnen, Anverwandten, Bekannten, Kollegen, sie alle kriegen einen zwölfzeiligen Kurzbericht unter dem Betreff:

Lebensanzeige –

Editorische Notiz

Eine frühe, wesentlich kürzere Fassung der «Jerusalemer Krawatte» wurde 2013 in «text und kritik 176» veröffentlicht.

Weitere Titel von
Friedrich Christian Delius

Der Sonntag, an dem ich Weltmeister wurde

Bildnis der Mutter als junge Frau

Als die Bücher noch geholfen haben

Die Liebesgeschichtenerzählerin

Die Zukunft der Schönheit